「楽しい」「分かる」「できる」を **実現**！

発達障害の子どもをサポートするICT
"超かんたん" スキル

著　者

和田 誠
（執筆者代表）
・土田真夕

平間健介
・山田国枝
・鷲尾すみれ

イラスト

鷲尾すみれ

ワクワク
集中して学べる！

誰もが学びやすい
環境が実現！

こんな人に
おすすめ
です！

発達障害・グレーゾーンの子どもを支援する先生

特別支援教育コーディネーターの先生

誰もが学びやすい教室を目指す先生

多様な学びを実現したい管理職の先生

特性のある子どもの学びを模索しているすべての人

時事通信社

ICTを使って多様な子どもが 多様に学べる環境を実現しましょう

●「みんながいろんなやり方をしていたらいいのに」

　これは、あるLD（学習障害）の子どもの言葉です。

　この子はみんなと同じ一般的な学習方法で頑張っていましたが、とても苦労していました。個別に相談する中で、この子にとって学びやすい方法を一緒に見つけましたが、「みんなと違うことはしたくない」と言います。みんなが同じやり方で勉強しているのに、自分だけみんなと違うというのは、恥ずかしく、情けない気持ちになってしまうからです。

　いくら、その子にとって学びやすくなる方法だったとしても、本人がその方法でやってみたいと思えなければ、本当に使える手立てにはなりません。だけど本当は自分に合う方法で学びたいのです。

　「みんなが同じやり方で勉強するんじゃなくて、だれでも自分に合うやり方を選べたらいいのに」

　みんな人それぞれ、自分に合ったやり方で学んでいるのが当たり前で、一見ばらばらのことをしているような教室だったら「自分も紛れられる」と、この子は感じていました。

　「他の人がどうであろうと、自分には自分のがんばり方がある」と本人が割り切って、腹を据えられるようになるまでには、本人の自己理解と自己受容のための時間を要します。本人の心のもちようが変容していく必要もありますが、環境のほうも多様な対応が必要です。

● ICT を使って子どもたちの選択肢を増やしましょう

　発達障害の可能性のある子どもの割合は 8.8% との報告がありました。どの教室にも発達障害の子どもが一緒に生活しているという認識が広まりました。すべての教師に、発達特性のある子どもへの対応が求められています。

　何十人もの子どもたちに、カリキュラムに沿った学習を進めていくとき、「一斉一律のやり方でやるほうが効率的」というのが多くの教師の本音です。一人の教師が同時に何十種類もの個別対応をおこなうことは現実的には難しいと思います。

　だけどそれでも、可能な範囲で、教師がいろんな学びの選択肢を出せるようにしていきたいのです。違いに対して寛容な子どもたちが育つのは、みんなが自分に合った学び方をしてる教室環境だと思うからです。

　ICT を活用することで子どもたちの選択肢がぐんと増えます。アナログではなかなか難しかった支援も可能になります。

　この本で紹介している一つ一つの方法は、そのような "超かんたん" ですぐに取り組めそうなことばかりです。先生の引き出しに入っている手持ちの「カード」にしてもらえたら、支援の必要な子どもがいたときに、いつでも取り出せる手立てとなります。多忙な先生たちにとって、かんたんに取り組める手立てがたくさん引き出しに入っているというのは心強いはずです。

● 大切なのは「スキル」ではなく、
子どもたちを「理解すること」です

　ただし、注意していただきたいことがあります。本書の内容は、すべての子に
フィットする支援となるわけではありません。万能薬ではないのです。ある子に
とって有効な手立てが、別の子にとって、かえって学びづらくさせてしまうこと
もあります。ですから、一人一人の子どもの、適切なアセスメントに基づいて、
目標を設定し、どのような方向性でどのような支援をしていくのか、見立てをお
こないながら実践していきます。

　本書の執筆陣の多くは、特別支援教育に携わっており、ICT を活用した支援を
日々実践しています。その中でも「これはかんたんに取り組めて子どもが学びや
すくなった」というスキルを紹介しています。しかし、繰り返しになりますが、
本書は『超かんたんスキル』を謳っているものの、超かんたんなのは ICT 活用で
あって、児童のアセスメントをすることは、実はとても難しいです（特別支援の
大切なエッセンスについては、たくさんある他のすぐれた書籍に譲りたいと思い
ます）。このことを念頭に、子どもを理解することに務めながら、活用していた

だきたいと思います。

●「UD」とは障害の当事者だけでなく、 すべての人に役立つものです

ICT に関しては、私たちも「とりあえずやってみる」ところからスタートしました。最初からすぐにうまくいくことばかりではありませんでしたが、試してみないことには成功もしません。目の前の子どもに合った方法をいろいろと試してみましょう。

「この子の困難さを軽減するために」と狙っておこなった支援が、実は別の子にとって嬉しい支援となることもあります。発達障害の子どもをサポートするユニバーサルデザインの授業は、実は発達障害の子どもだけでなく、誰にとっても嬉しいものになることが多いからです。あきらめずに試行錯誤する中で、子どもと一緒に楽しんでほしいと思います。

多様な子どもたちがいるんだから、先生のほうも多様な学び方を保障できるようになりたい。そのためには先生が学び方の選択肢をたくさんもっていて、クラスの子どもたちの実態に応じて、ICT 活用を含めた複数の選択肢を提示できるようになりたい。

そんな思いを込めて本書を送り出します。全国の子どもたちと先生方の、笑顔と安心につながることを願っています。

なお、本書で紹介する事例などは、個人情報に配慮して個人が特定できないように一部改変したり、しばしば経験されるいくつかのエピソードを組み合わせたりしたものです。全て架空事例として紹介していることを付記します。

執筆者を代表して　鷲尾すみれ

参加方法の選択肢

この本の使い方

教師の「願い」ごとにスキルを分類しています。

UDな学びの環境をつくりたい！

8

鉛筆で書くのが苦手でも他に取り組み方はある！
「デジタル提出だから お好きにどうぞ」

スキル名です。

こんな「困った」ありませんか？

● 課題の提出ができない

　書字に困難のある子どもにとって書く課題に取り組むのはとても大変でノートやプリントをなかなか提出できません。かと言って、「君はタブレットで入力してもいいよ」と伝えても、あまり乗り気ではないようです。

教師の「困りごと」を、ICTを使ってどう解決するのかを解説しています。

実は子どもも困ってる

● 「自分だけみんなと違う」のは嫌だ

　本当はパソコンやタブレットを使って書く方が楽でも、「目立つのが恥ずかしい」「あの子だけ特別と思われるのもイヤ」「ズルいって言われないか心配」という気持ちが勝る子どももいるようです。毎回いちいち印刷して提出するのも、正直なところ面倒に感じられます。

ICTでこんな授業に変わる

● "みんなが違う"環境なら自分に合う方法を選びやすい

　提出方法をデジタルにします。紙のノートに書いた子も、撮影してデジタルで提出します。「紙でもICTでもどちらでもOK」。全員が自分に合う方法を選んでよいことにすれば、「みんなと違う」というハードルはなくなります。また、教師にノートを預けなくて済むので、常に手元に自分のノートがあり、学びを途切れさせません。提出物の管理も楽です。

本書のスキルは、特に断りがない限り、インターネットに接続できるPCとタブレットのどちらでも実践可能なものを紹介しています。そのため、特別な場合を除き、「クリック」や「タップ」といった用語はすべて「押す」と表現しています。

46

注意・必ずお読みください

●本書の内容は、2024年2月時点の最新情報をもとにしています。お使いの機種やOS、アップデートの状況によっては、操作方法や表示画面が異なる場合もあるので、ご了承ください。
●インターネット上の情報は、URLやサービス内容が変更される可能性があるので、ご注意ください。
●本書は、ICTを活用した実践の紹介のみを目的としています。本書の実践を運用する際は、必ずお客様自身の責任と判断でおこなってください。本書の利用によって生じる直接的・間接的な運用結果について、時事通信社と著者はいかなる責任も負いません。

使うアプリと入手先を QR コード
で示しています。

実践する際のコツをまとめています。

スキルのやり方は「準備編」
→「実践編」→「展開編」
に分けて紹介しています。

同じスキルや似たスキルを
使った、発展的な実践を紹
介しています。

実践するにあたっての執筆
者からのアドバイスです。

以下、図版内のテキスト

ての子どもが
な方法で課題に取り組む

手書き文字　　活字

デジタル入力を
日常の風景にする

実践のポイント

ひとくちに書字困難と言っても、その背景にある要因や、困難の程度も様々で、学びやすくなる方法は人それぞれ違う。普段から学び方の多様性を認める教室づくりを心掛け、「人それぞれ違って当たり前」というおおらかさを醸成する。書字障害だから特別の方法を使うというのではなく、紙に鉛筆で書くのが苦手なら別のやり方で取り組めばよいという前向きなメッセージとともに選択肢を示すとよい。

やり方

STEP 1 準備編

教師がロイロノート上に課題を提出するための提出箱を作成する。

①押す

②ここを押して、名前やメ切などを設定する

47

UDな学びの環境をつくりたい！

応用編

・紙に鉛筆で書くのが苦手でも、タブレット上で描画機能を使えば書けるという子がいる。そんな子のために、ノートのテンプレートを作成し、資料箱の「授業内共有」に入れておくとよい。ノートを忘れた子どもへのフォローにもなり、一石二鳥。
・スタイラスペンの種類を変えたり、画面にペーパーライクフィルムを張ってみたりすることで、書き心地も違う。道具選びも子どもに提案する。

実践者からのワンポイントアドバイス

　私たち教員は、ノートをとる、連絡帳を書き写す、などを当たり前に子どもたちに求めますが、その目的はそもそも何でしょうか。学習の記録を残すことや、時間割や持ち物を連絡することが目的であれば、必ずしも板書を視写しなくても、撮影するだけでよいはずです。
　教員の多くは「書いて理解を深める」「手を動かして運動記憶を伴って覚える」といった学び方に苦労したことがないかもしれません。しかし、教室にいる子どもの学び方は実はもっと多様です。「授業中は聞いて理解、見て理解することに専念する」という学び方も、ぜひ尊重したいです。
（鷲尾）

49

もくじ

はじめに ———————————————————————————————— 2

この本の使い方 ———————————————————————————— 6

楽しく集中して学習活動に取り組みたい！

1 ワクワク盛り上がって一気にギアが上がる！「『ゲームモード』で授業導入」—— 10

2 授業がもっと楽しくなって集中できる！「効果音で盛り上げ隊」———— 16

3 いつまでに終わらせるか分かって安心できる「タイマー作戦」————————— 20

安心して活動できるようサポートしたい！

4 学ぶ場所は教室だけじゃない！「落ち着ける場所でリモート学習」———— 24

5 繰り返して見て行事の見通しがもてる「動画シェア作戦」——————————— 32

6 困りごとを把握してリモートで個別支援！「その子専用共有ノート」——— 38

7 教師の個別対応がなくても学べる仕掛けづくり「1 カード 1 活動」————— 42

UDな学びの環境をつくりたい！

8 鉛筆で書くのが苦手でも他に取り組み方はある！「デジタル提出だからお好きにどうぞ」—— 46

9 自分に最適なフォント・色を選ぶ「アクセシビリティ向上委員会」————— 50

10 全教員で使えるうれしい支援ツール「ルビ付き・分かち書きPDFで学習サポート」— 56

11 何度も見返して「できた！」を達成「動画でお手本」—————————————— 62

多様な学びをサポートしたい！

12 コミュニケーションがモチベーションを生む！「コメント送り合いっこ日記」── 68

13 自分で思い込みに気付ける！「音声で文章チェック」──────────── 72

14 デジタル教科書のパワーを最大限活用！「苦手な子のための音読練習サポート」─ 76

15 子どもの「分かりません」を学びのチャンスに変える！「検索・保存・発表の3コンボ」── 82

16 英語が苦手という「心の壁」を取り除く「英単語"スカウター"遊び」───── 88

17 みんなが英語のコミュニケーションに参加できるようになる！「音声付き英語絵カード」─ 94

多様な発信の手段を保障したい！

18 自分の「できる」を発表できる「録画でプレゼン」──────────── 100

19 話すのが苦手でも自己表現ができる！「絵で楽しく自己・他己紹介」───── 106

日常・学校生活の質をよりよくしたい！

20 役割分担、動き方が理解できるようになる「掃除のタイムラプス撮影」──── 112

21 自分を知って成長の第一歩に！「アンケートで実感する自分の生活習慣」──── 118

22 宿題のイメージ革命！「家でもやる気いっぱい！ カタチ発見隊」────── 122

おわりに ───────────────────────────── 126

1

ワクワク盛り上がって一気にギアが上がる！
「『ゲームモード』で授業導入」

こんな「困った」ありませんか？

● 注意・集中の難しさが顕著

　教師が一方的に話す授業だと、注意・集中に困難さのある子どもは授業中にすぐに姿勢が崩れて、授業と関係のないことをしがちです。「やる気がない」などと誤解されることもあります。

実は子どもも困ってる

●「いつの間にか、こうなっちゃうんだ！」

　自分が今やってることから注意を切り替えたり、興味関心がどんどん移り変わって違うことを考えたりしやすくて、本人も苦労しています。45分間よい姿勢でがんばり続けることはできないけれど、決してやる気がないわけではありません。

ICTでこんな授業に変わる

●「楽しい！」を「やりたい！」や「集中」につなげる

　ただ単に静かな環境よりも、楽しい「刺激」があるほうが、集中できることもあります。ロイロノートの「ゲームモード」を利用すればワクワクして、楽しんで活動できるかもしれません。カウントダウンが始まったり、効果音が流れたりすると、やる気に火が付いて一気に覚醒！　集中力を発揮することがあります。もちろん、他の子どもたちにも効果的です。

使う
ツール

ロイロノート

ワクワク、楽しみながら
子どもが集中力を高める！

休み明けなど、子どもが集中
しづらいときに効果抜群！

実践のポイント

- 休み明けや、集中しにくい時間帯の授業の冒頭などに実施すると効果的。「やりたい」と思わせる仕掛けがあるおかげで、前のめりに学習する姿へ大変身できる。
- 特性のある子どもが「楽しいところだけ取り組んでズルい」と周囲から言われることがないように配慮したい。注意・集中の難しさがある子どもも「ここぞ」という場面では力を発揮する。「楽しいことなら集中できる」「自分事になれば力を発揮できる」というポジティブな捉え方に変換していきたい。

やり方

STEP 1 準備編

❶ロイロノートの「テストカード」で、クイズを作成する。まず、メニューから「テスト」を選択。

❷「編集」を押すと編集画面になるので、タイトルやクイズの問題文、選択肢などを入力し、正解にチェックを入れる。

①「編集」を押す

❸必要に応じて、 を押し、下記の画面から問題文や選択肢の画像、解説文を設定する。

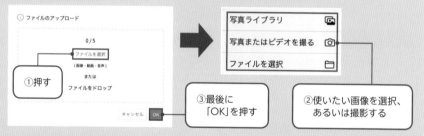

①押す

③最後に「OK」を押す

②使いたい画像を選択、あるいは撮影する

STEP 2 準備編

❶「編集」メニューで詳細を設定する。

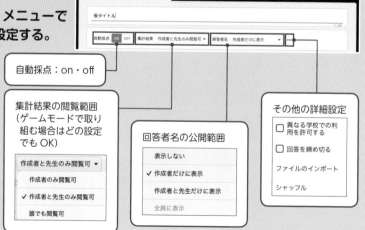

自動採点：on・off

集計結果の閲覧範囲（ゲームモードで取り組む場合はどの設定でも OK）

作成者と先生のみ閲覧可 ▼
作成者のみ閲覧可
✓ 作成者と先生のみ閲覧可
誰でも閲覧可

回答者名の公開範囲

表示しない
✓ 作成者だけに表示
作成者と先生だけに表示
全員に表示

その他の詳細設定

☐ 異なる学校での利用を許可する
☐ 回答を締め切る
ファイルのインポート
シャッフル

STEP 3 展開編

❶完成したテストカードを開く。表紙にある「全員で解答」を押す。
❷その後「ゲームモード」を押すと、同じ「授業」に参加している子どもの画面が作成したクイズに切り替わる。

縄文時代クイズ

①押す

②押す

ここを押すと
クイズスタート

全1問

縄文時代クイズ

作成者　鷲尾すみれ

0人が参加中

スタート

❸BGM や解答時間を設定後、「スタート」を押すとカウントダウンされ、クイズが始まる。

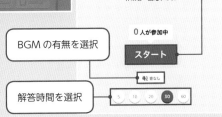

BGM の有無を選択

解答時間を選択

❹クイズ開始後、子どもは自分の端末で選択肢を押す。
❺画面を下にスクロールして、「答える」を押す。
※一度「答える」を押したら、回答を修正できないことを、予告しておく。
※タブレットを縦向きにすると、選択肢を4つ表示できる。それ以上の選択肢があるときは、画面を下にスクロールするように子どもに知らせる。

❸制限時間になるか、教師が「締め切り」を押すと、正解発表画面になり、用意していた解説と、正解者のランキングが表示される。なお、自分が不正解だったということは周りの人には分からないので、間違いを怖がる子どもも安心できる。

❹最終問題で「最終結果」を押すと全問の結果が表示され、得点数が高い順の「最終ランキング」が出る（同点の場合は解答時間が短いほうが上位になる）。

❺教師の端末で「結果を見る」を押すと棒グラフや円グラフで正答状況を表示できる。

❻子どもの端末で「結果を見る」を押すと、自分の成績とともに、自分の解答と正答・解説が示される。

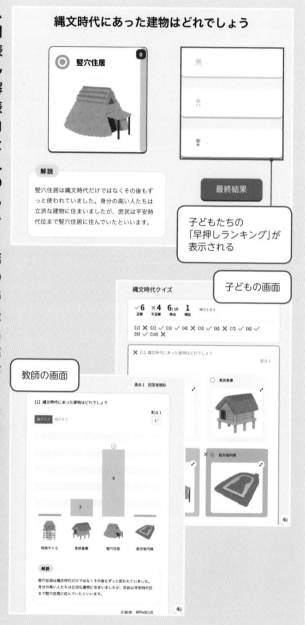

縄文時代にあった建物はどれでしょう

◎ 竪穴住居

解説
竪穴住居は縄文時代だけではなくその後もずっと使われていました。身分の高い人たちは立派な建物に住まいましたが、庶民は平安時代位まで竪穴住居に住んでいたといいます。

最終結果

子どもたちの「早押しランキング」が表示される

子どもの画面

教師の画面

応用編

・復習ではなく、新しいことを学習する際にも、ゲームモードを使うことで関心や意欲を引き出すことができる。

・例えばこれから取り組む創作活動で、Web検索や著作物を引用する場合、ゲームモードで事前に著作権クイズに取り組む。具体的な活動に紐づけて、クイズ形式で知識を学べるようにすると、講義形式で教えるよりも子どもたちは自分の頭で考えられる（知識を伝えるのは解答後の解説時でOK）。

図工の授業でプラ板の下絵としてドラえもんの絵を使った。

1. 著作権侵害で訴えられる。

2. こっそりやれば大丈夫。内緒にしておいた方がいい。

3. 授業中に使うのは特例で許される。

◎ 授業中に使うのは特例で許さ… **0**

解説

サートラス、という約束で、授業中に使うことは認められている。

実践者 からの **ワンポイント アドバイス**

「やってみたい！」と思えるワクワク感を演出するのに、ゲームモードはぴったりです。注意・集中が難しい子どもへの効果的な支援となります。

一方で、勝敗へのこだわりが強く、間違うことを受け入れがたい子どもにとっては、負荷の高い活動になります。ランキングや成績が明確に表示される仕組みだからです。

事前に「間違うこともある」「1番にならないことのほうが多い」などの心積もりをさせたり、「解答せずに見るだけ、考えるだけ、という参加の仕方もあるよ」と枠組みを広げるなど、個に応じた支援が必要です。

（鷲尾）

2

授業がもっと楽しくなって集中できる！
「効果音で盛り上げ隊」

こんな「困った」ありませんか？

● **教師の長めの話は子どもの集中力が途切れがち**

　授業では、どうしても教師がたくさん話してしまう時間があります。興味をもって話を聞いてもらいたい、という思いがあっても、興味が他に移り集中が続かない子どもや、授業への切り替えに時間がかかる子どももいます。

実は子どもも困ってる

● **単調でつまらない、要点が分からない**

　教師の話を聞かなきゃいけないと分かっていても、その単調さから集中しにくい子どもがいます。座り続けるために、手いたずらなど、ソワソワした行動が必要な場合もあります。

ICTでこんな授業に変わる

● **効果音を使って、話にメリハリをつける**

　授業の中で効果音を取り入れます。そうすることで、教師の話の大事な部分や注目する場面を強調することができます。クイズの効果音を使用することで授業をクイズ番組のようにしたり、チャイムの効果音を使用することで授業へ関心を切り替えられるようにしたりすることができます。単調に発問するだけでなく、普段の授業とは少し違った雰囲気をつくることで、子どもたちが学習内容に興味をもったり、自分から考えたりできるようになります。

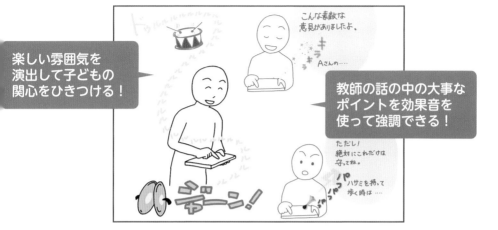

楽しい雰囲気を
演出して子どもの
関心をひきつける!

こんな素敵な
意見がありましたよ。

Aさんの…

教師の話の中の大事な
ポイントを効果音を
使って強調できる!

ただし!
絶対にこれだけは
守ってね。

ハサミを持って
歩く時は…

実践のポイント

- たくさんの効果音を再生できるアプリを使用するため、学習の妨げにならない
  よう実態に応じて子ども端末にアプリをインストールするかどうかを判断する。
- 子どもの端末にインストールする場合は、授業に関係のない効果音を授業中に
  鳴らすことのないよう事前にルールを決めたり、好きに鳴らしてよい時間を設
  けたりして授業中に集中できるよう工夫する。
- テンポよく授業を進めることができるよう、クイズの問題や活動、発問などを
  事前に決めておく。

やり方

STEP 1 準備編

❶(iPad)アプリストアなどから、「効
果音アプリ」をインストールして、
効果音を準備する。

※自治体によって、アプリのダウンロードの方法は異な
る。各自治体のルールに従ってアプリをダウンロード
すること。

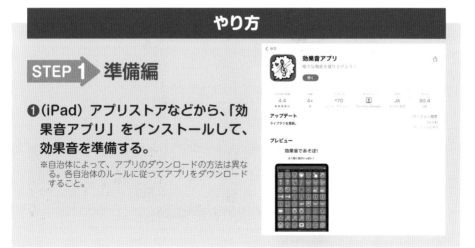

STEP 2 実践編

❶（クイズ番組形式の授業をおこなう場合）事前に効果音を確認しておく。

❷実態に応じて子どもたちの端末にも、同じように「効果音アプリ」を
　インストールする。
※教師用端末と同じように、自治体によってアプリのダウンロードの方法は異なる。各自治体のルールに従うこと。

❸早押しクイズの場合「デデデン（出題）」ボタンを押して、教師が出題
　する。

❹「早押しボタン」を
　押して、子どもが回
　答する（インストー
　ルしない場合は挙手
　する）。

❺教師は「ピンポン1」
　や「ブッ（不正解）」
　のボタンを押す。

応用編

・よく使う効果音を「My効果音リスト」に登録すると、よりスムーズに効果
　音を授業で活用することができる

・様々な効果音がアプリに登録されている。自立活動の学習として、日常の何
　の音なのかを当てる活動にも活用することができる。

実践者
からの
ワンポイント
アドバイス

　クイズ番組形式の学習は、知識・技能を身につけ
るための授業で使うと効果的です。「○（正解）」と
「×（不正解）」のクイズ形式で出題すると、どの子
どもも興味をもって学習を進められます。
　ここでは iPad のアプリ「効果音アプリ」を紹介
しましたが、Web 上には効果音を集め、ダウンロー
ドできるサイトもたくさんあります。iPad を使っ
ていない方でも実践していただけます。　　（土田）

3 いつまでに終わらせるか分かって安心できる 「タイマー作戦」

こんな「困った」ありませんか？

● エンジンがかかるのが遅い

　内容は理解しているし、知識も十分なのに、なぜかエンジンがかからず、取り掛かる気配がない子どもがいます。いったいいつになったら始められるのだろう。待っているほうは、ヤキモキしてしまいます。どこかに、スイッチがあれば、うれしいのですが……。

実は子どもも困ってる

● 何をすればいいのか分からないし、いつ始めるのかもわからない

　子どもが動かないのは、いつまでに何をすればいいのか、見通しがもてず不安だからかもしれません。「さあ次はこれをやろう」「早くしないと間に合わないよ」という抽象的な言葉掛けでは、動けない子どももいます。

ICT でこんな授業に変わる

● 子ども自身に時間管理をする意識をもたせる

　いつまでに終わらせるか、視覚的に分かるようなタイマーを使ってみましょう。時間の流れを実感できるので、時間内に終わらせようという気持ちが生まれ、すぐに取り掛かれるようになります。

　砂時計などの視覚的に時間が分かるもの、時間が経過すると音が変わるものなど、本人が気に入るタイマーを子どもと一緒に探すのも楽しいです。

いつまでに終わらせるか分かるので、すぐに取り掛かるようになる

自分で時間を管理しようという気持ちが生まれる

実践のポイント

- 複数のタイマーを用意して、シチュエーションや子どもにあわせて使用する。
- 教師が操作するのではなく、子どもが自分で操作して主体性を育てる。
- 「やることリスト」を作成しておくとさらに効果的。

やり方

STEP 1 準備編

❶タイマーのアプリを探す（下記はAppleStoreで入手できるものの一例）。

Lickety Split

絵カードタイマー

桃うさタイマー

砂時計タイプ、音楽が鳴るもの、残り時間を大きく表示するものなどの中から、子どもの特性にあわせて使用するものを選ぶ

●例：できたよタイマー

毎日の習慣づけを楽しく、時間通りに終わらせられるようにつくられたアプリケーション。砂時計のアニメーションがやる気を高めてくれる。子どもたちが時間という抽象的な概念を理解するための手助けにもなる。教師の呼びかけのみでは行動できなくても、自分でタイマーを押すと楽しそうに行動できる子どももいる。子どもが自分からアクションすることが重要。

●例：絵カードタイマー

帰りの用意

シンプルなタイマーに絵カードがついている。残り時間を視覚的に分かりやすく表示するだけでなく、同時に任意の絵カードを表示することで、現在が何のための時間かを意識させることができる。毎日のルーティーンでやる気が起きなくても、タイマーを使うと時間管理の意識が芽生え、行動できるようになる子どももいる。

●例：桃うさタイマー

ワンタッチで設定でき、無駄な操作がないシンプルなタイマー。アプリの起動後、時間のボタンを押すだけで、すぐにタイマーがスタートする。操作が単純なので、低学年の子どもでも利用することができる。

応用編

・絵カードでやることを「見える化」するアプリもある。やることを順序立てて取り組めるようになる。

実践者からのワンポイントアドバイス

　タイマーとともに、「やることリスト」もつくってみてください。毎朝、あるいは、何かを始める際に、その都度やることリストを確認することで、子どもが見通しをもち、自分から進んで行動できるようになり、自己肯定感もあがります。慣れたら、カレンダーを使ってスケジュールを管理することで、やりたいことができる時間を増やすことができます。

(山田)

4 学ぶ場所は教室だけじゃない！
「落ち着ける場所で リモート学習」

こんな「困った」ありませんか？

● **教室にいない子に、学びの機会を用意できない**

　様々な理由で通常学級以外の教室で過ごす子どもがいます。中には「本当は学びたいけど教室でみんなと一緒に」というのがどうしても大変な子どもがいます。

実は子どもも困ってる

● **勉強したいけど教室でみんなと一緒に同じように学ぶのは無理**

　動いたり声や音を出したり、休憩を入れたりすることが必要な子がいます。また、音や人の動きなど常にたくさんの刺激がある場所にいるだけで、極度に疲れてしまう子がいます。がんばりたいのに、回復にさらなる時間を要します。持続可能な参加方法を模索しています。

ICT でこんな授業に変わる

● **教室と他の場所をつなぎ、課題の配布、提出もオンラインでできる**

　Google meet で教室とつないで、落ち着ける場所から授業に参加します。普段から課題の配布や提出を、ロイロノートや Google classroom などオンラインでおこなっていれば、リモートでも特段困ることはありません。落ち着ける場所で、できることだけ「部分参加」するがんばり方を選べます。

子どもは教室以外の
場所から授業に参加
できる！

課題配布

教室にいなくても
課題提出や発言も可能！

課題提出

実践のポイント

- まったく授業に参加しない「0」か、45分間最初から最後まで教室でみんなと同じやり方で授業に参加する「100」かの2択ではなく、0と100の間には、いろんな参加の仕方があることを普段からクラスに伝えておく。いろんながんばり方があるという共通理解を得ておくと、人と違う方法を選択するハードルが下がり参加しやすい。
- 特定の子どもに対して継続して支援が必要な場合、Google classroom の中にある「通常のクラス」とは別に、「本人用のクラス」を開設するほうが運用しやすい（管理職や特別支援委員会など組織の了承を得ておくこと）。

やり方

STEP 1 準備編

❶教室以外にも授業に参加できる場所を確保する。特別支援教室や自宅など、学校や個々の事情を鑑みて、本人にとって安心できる場所を設定する。組織の共通理解と支援体制を図る。

❷Google classroomを立ち上げ、サポートしたい子どものクラスを選択し「設定」を開く。

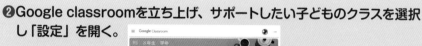

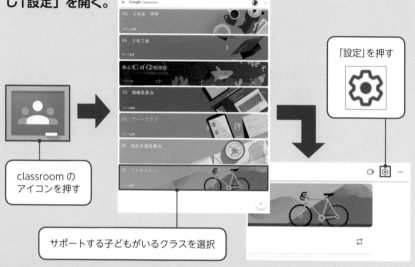

「設定」を押す

classroom の
アイコンを押す

サポートする子どもがいるクラスを選択

❸「設定」の下部にある「Meet のリンクを管理」で「ストリームページで生徒に表示する」のオン / オフラベルがオフ（白）になっていることを確認する。

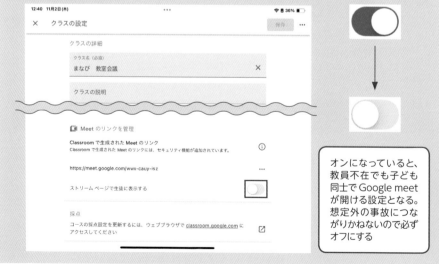

オンになっていると、教員不在でも子ども同士で Google meet が開ける設定となる。想定外の事故につながりかねないので必ずオフにする

❹黒板を撮影できる場所にGoogle meet 配信用の端末を設置する。meet の画面越しでも光が反射せず文字が判読可能かどうかを確かめておく。時間帯や天候で異なる場合があるので、注意する。

❺事前に子どもとリハーサルしておく。教室に設置した Meet 用端末と、子どもの端末それぞれから classroom に入る。

❻教師用端末でビデオ会議マークを押すと meet が立ち上がる。

ここを押すと、同じ meet が立ち上がる（❸で「ストリームページで生徒に表示する」をオフにしておくと、教師が meet を起動しない限り、オンライン会議はスタートしない）

❼子ども用端末からもビデオ会議マークを押し、「参加」を押すと、オンライン会議がスタートする。子どもはマイクをミュートにし、カメラをオフにする。カメラをオフにするとアイコンが表示される。

ここを押して meet に参加

子どもはここを押して、カメラとマイクをオフにしておく

リハーサルで、本人が顔出しするか、発言するかなども確認しておく。子どもにとって、教室以外の場所からオンライン参加という方法が本当に効果的な支援になるかどうかは、やってみなければ分からない。しかし、このようにリハーサルをおこなうことで「先生が一緒に考えてくれる」と感じられる。リハーサルをおこなうこと自体が心理的な支援となる。
支援を押し付けるのではなく、「この方法が合うか分からないけど、試してみる？」と一緒に模索する過程が大切

HDMI や AppleTV やで教師の端末と教室のモニタをつなぐこともできる

≪教室≫

教師端末（ロイロノート操作用）

meet 配信用端末

≪別室≫

児童端末
（meet、ロイロノート兼用）

別室に他の児童もいる場合はイヤホンを
使用するとよい。

STEP 2 実践編

❶ 授業時刻になったらGoogle meet を開始する。子どもが meet に参加しているかどうかに関わらず、教師は授業を進める。子どもは教室以外の場所で Google classroom から meet ボタンを押せば授業に参加できる。授業への参加度は、子ども本人のペースにゆだねる。

❷ 課題がある場合は、ロイロノートから「送る」機能で配布する。教室でプリントなどを配布する場合は、撮影して写真カードにして送ることができる。教室にいる子どもたちにも、別の場所で授業に参加する子どもにも、同じタイミングで課題が届く。

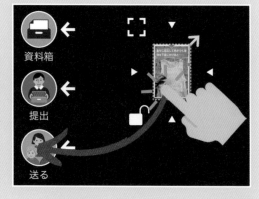

❸meet 越しだと、板書が見づらい場合がある。教師は板書し終わったら、教室の子どもたちが視写している間に、ロイロ操作用の端末で板書を撮影し、その写真カードを本人宛てにロイロで送るとよい。

もし子どもが授業を視聴していないとしても、板書データを送ることで、その時間にどのようなことを学んだのか、後から知ることができる。

応用編

・サポートを受ける子どもが発言するときだけマイクをonにして発表することも可能。（チャットで発言もできるが、授業中に教師がチャット欄を拾うことは難しい）。ペアで話し合う活動も可能となる。

| 実践者 からの ワンポイント アドバイス | 教室にいる子どもたちの声を meet が拾うため、授業の雰囲気を伝えることができます。しかしその一方で、meet は余計なざわめきも拾ってしまいます。教室以外の場所から参加する子どもにとって、音が情報ではなく負荷になることがあります。教師がマイクを装着する、本人が音量調節をするなどの工夫を重ねて、少しずつ改善してくとよいでしょう。 |

同時に、クラス経営の中で配慮できることもあります。別室で学ぶ級友が必要な情報を得やすいように、教室にいる子どもたちが不要な音を減らすなど自分たちの行動を意識してみる……。そんな他者意識を育てる機会になるとよいです。　　　　　（鷲尾）

5

繰り返して見て行事の見通しがもてる
「動画シェア作戦」

こんな「悩み」ありませんか？

● 日常と違う「行事」が苦手な子ども

イマジネーションに困難がある子どもがいます。避難訓練や内科検診など、普段とは違う行事があると、不安になり、混乱することがあります。教師も事前に説明の言葉を工夫したり、たくさんの掲示物を準備したりしますが、子どもたちはいまいち見通しをもてていない様子です。

実は子どもも困ってる

● 教師の話を聞いても、イメージを描けない

言葉で伝えた話は消えてなくなります。経験の少ない事柄についてイメージをもつことは難しいです。例えば、歯科検診がある場合、教師は事前に「口を大きく開けて歯を見るよ」と説明しますが、子どもは歯医者さんという言葉だけをキャッチして「痛そう！　怖い!」と不安でいっぱいになってしまうことがあります。

ICT でこんな授業に変わる

● 何度でも繰り返して確認できる

百聞は一見にしかず。そんなときは「言葉」よりも、具体的にイメージできる「動画」を利用してみましょう。教師の説明は一度しか聞くことはできません。しかし、動画なら学校だけでなく自宅などで何度でも確認することができます。本人が気になる部分を自分で確認できます。

使う
ツール

Google Classroom

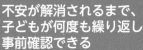

不安が解消されるまで、
子どもが何度も繰り返し
事前確認できる

Youtube の広告が
非表示になるので集中が続く！

実践のポイント

- 子どもが何度も動画を確認できるようにする。
- 動画は個別に見る時間を設けるが、大切なポイントは全員で確認をする。

やり方

STEP 1 準備編 ※本スキルでは、避難訓練を想定した実践を紹介する。

❶Youtube など動画共有サイトから学習内容にあった動画を探す。

②ここを押すと動画検索が始まる

①ここに検索ワードを入力

最近は公的機関が作成した動画が
たくさんあり、安心して使えるので、
効果的に活用するとよい

❷学習で使いたい動画を見つけたら、下記の手順で動画のリンクをコピーする。

引用元：千葉県公式 PR チャンネル
　　「防災訓練の心がまえ」

①押す

動画が長いときには、ここで開始時間を指定できる

②押す

❸Google classroom を開いて「課題」として子どもたちに共有する。

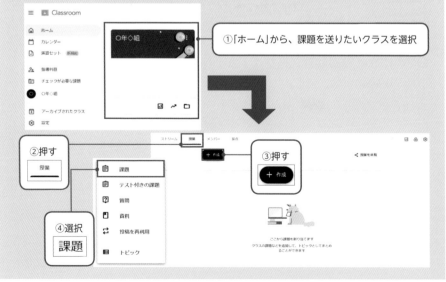

①「ホーム」から、課題を送りたいクラスを選択

②押す

③押す

④選択

課題

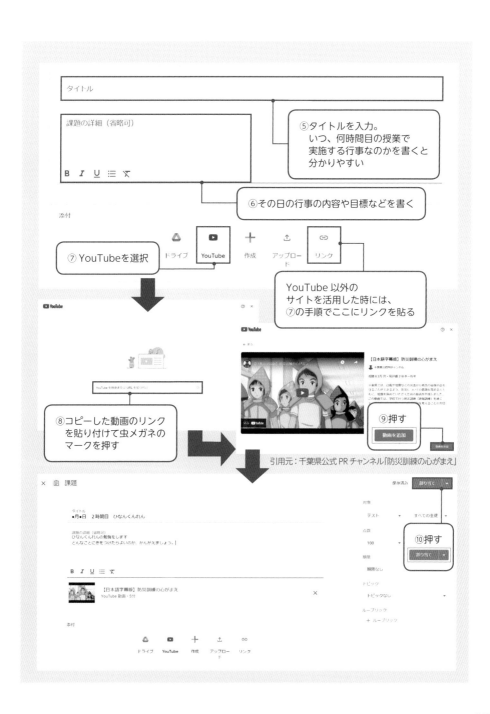

タイトル

課題の詳細（省略可）

B *I* U ☰ ✗

⑤タイトルを入力。
いつ、何時間目の授業で
実施する行事なのかを書くと
分かりやすい

⑥その日の行事の内容や目標などを書く

添付

⑦ YouTubeを選択

ドライブ　YouTube　作成　アップロード　リンク

YouTube 以外の
サイトを活用した時には、
⑦の手順でここにリンクを貼る

⑧コピーした動画のリンク
を貼り付けて虫メガネの
マークを押す

【日本語字幕版】防災訓練の心がまえ

⑨押す
動画を追加

引用元：千葉県公式 PR チャンネル「防災訓練の心がまえ」

× 課題　　　　　　　　　　　　　　　保存済み　割り当て

タイトル
●月●日　2時間目　ひなんくんれん

課題の詳細（省略可）
ひなんくんれんのべんきょうをします
どんなことにきをつけたらよいのか、かんがえましょう。

B *I* U ☰ ✗

【日本語字幕版】防災訓練の心がまえ
YouTube 動画・5分　　　　　　　　　　　　×

添付

ドライブ　YouTube　作成　アップロード　リンク

対象
テスト　　　　すべての生徒

点数
100

期限
期限なし

トピック
トピックなし

ルーブリック
＋ ルーブリック

⑩押す
割り当て

STEP 2 実践編

子どもたちは Google Classroom を開いて、各自で「課題」として共有された動画を視聴する。

ここから「課題」を選択

動画を選択して、視聴

Google classroom から Youtube の動画を視聴すると、広告や他のおすすめ動画の案内が表示されないので、安心して動画を共有することができる。また、子どもたちも関係のない動画に気をとられず、学習内容に集中しやすくなる。

応用編

・動画を見た後にコメントで感想を集めるのもよい。
・タブレットを持ち帰れば自宅でも繰り返し見ることができる。

ここに感想などのコメントを入力できる

・Youtubeでは字幕を活用したり、再生速度を変えることができることを伝えておく。自分に合った速度で動画を見ることができる。

引用元：千葉県公式 PR チャンネル
「防災訓練の心がまえ」

ここから字幕表示や再生速度の設定ができる

実践者
からの
ワンポイント
アドバイス

　動画を見るときに、大型掲示装置などで教室の全員で一斉に見ることもできますが、手元の画面を見るほうが集中できる子どももいます。気になったところで一度止めてもう一度見るなど自分のペースで見ることができるのも、本スキルのよい点です。

　動画はとても便利な教材ですが、動画でイメージをもつことで、かえって実際との違いに混乱してしまうということがないように、動画を見た後に、補足することを忘れないようにしましょう。

　なお、避難訓練は、地形などにより地域性が出ますし、保健行事などは学校ごとに異なる点もありますのでご留意ください。

（山田・平間）

6 困りごとを把握してリモートで個別支援！
「その子専用共有ノート」

こんな「困った」ありませんか？

● 子どもの困りごとに気付いたときには手遅れ状態に

　個に応じた支援をする特別支援学級でも、一人につきっきりというわけには
いきません。子どもの困りごとを見逃していないか心配です。例えば一生懸命
に取り組んでいたのだけど実は根本的に間違っていて、全部やり直し……なん
ていうこともあります。援助発信が弱い子どもの進捗状況を把握した上で、個
別に支援できればよいのですが……。

実は子どもも困ってる

● 困っている自覚がなく、助けを求められない

　自分が困っている状況に気付けない子どもは、「助けてほしい」と言えません。
疑問があっても「これでいいのかな？　先生は他の子のことを教えてる。もう
これでいいや」と思い、そのままにしていることもあります。

ICTでこんな授業に変わる

● タブレット上で子どもとノートをリアルタイムで共有してサポート！

　ロイロノートの共有ノートを使えば、子どもが何を書いているのか、教師が
リアルタイムで把握してサポートできます。子どものタブレット画面が手で隠
れて見えなくても、どんなことを書いているのか教師の端末で確認できます。
同時並行で書き込めるので、子どもの手を止めさせることなく支援できます。

Before

子どもの学びを妨げずにサポートできる！

After

実践のポイント

- 教師は子どものオリジナルを尊重するため、子どもが書いているカードを複製してコメントや提案を書き込む。
- 直ちに注意喚起しないといけない場合は、子どもが今まさに開いているカードの中に書き込んでもよい。
- 先生と本人だけが見られる共有ノートだと伝え、他者の目が気になる子どもでも安心して支援を受けられるようにする。

やり方

STEP 1 準備編

❶ロイロノートで、サポートしたい子どもがいる「クラス」の「授業」に、新しい共有ノートを作成する（共有ノートを使うには事前設定が必要。QRコード参照）。

❷サポートする子どものみに共有するよう設定する。

共有ノート名	
最後に押す	
共有ノートを作ったオーナー	
他の子どもに見えないよう必ず「共有しない」にする	
先生全員の設定	
生徒全員の設定	
先生・生徒の個別設定	
サポートする子どもを選択	

キャンセル 新規共有ノート **作成**
名前
2023年11月18日のノート
共有する範囲 選択
鷲尾すみれ オーナー
先生全員 管理 ∨
生徒(●組) 書き込み ∨
＋ 追加

戻る 共有する範囲 追加
書き込み ∨
先生
生徒
001生徒 002生徒 003生徒 004生徒
すべて選択 すべて解除

STEP 2 実践編

❶授業中、子どもは共有ノートを使って活動する。教師は適宜、子どもの書き込みを添削するなどしてサポートする。

比較

あー… そうかぁ…

応用編 ‥‥‥‥

- 不登校の子どもと教師で、その子専用の共有ノートを用意する。
- 共有ノート上に課題をそっと置いておくこともできる。取り組みやすい課題を出し、「こんな課題があるけど、もしやりたいものがあったらできそうなときに取り組めるよ」と、「ゆるやか」につながりを保つことができる。

今この曲をリコーダーで練習してるよ。先生の演奏動画を見てみてね

確実に伝えたい連絡事項は「送る」機能を使えば相手に通知が出ます。一方、課題やメッセージなどは共有ノート上にそっと置いておくだけにします。通知が届かないので、いつの間にか共有ノートの中が変化している……という感じになります。本人にとって、見たいと思うタイミングで共有ノートを開けるので、本人のペースを尊重できます。負荷をかけすぎず、それでいて放っておかれているような寂しさを感じさせないようにもできます。ゆるやかなサポートが可能になります。　　　　　　　（鷲尾）

7

教師の個別対応がなくても学べる仕掛けづくり
「1 カード 1 活動」
ワン　　　　　　　ワン

こんな「困った」ありませんか？

● **一人で取り組む時間、学習があまり進んでいない様子**

特別支援学級では、それぞれの進度や段階に合わせた学習を1つの教室でおこないます。一人ひとり学んでいる内容は違うので、教師が他の子に応じて支援や学習指導をしていると、教師がいない時間をもてあまして学習が進まない子もいます。

実は子どもも困ってる

● **この時間は何をしたらいいんだろう……**

周囲に自分と同じことをしている人がいないので、子どもとってはお手本もない状態です。先生も忙しそうで質問をしたくてもすぐきてくれません。「この時間は何をしたらいいんだろう……」。子どもも困っています。

ICTでこんな授業に変わる

● **カードに45分間の学びをまとめて「見える化」する**

一人ひとりに応じた学習内容を、1枚のカードに1つの活動が収まるように提示します。動画や調べ学習に使えるサイトのリンクなどを活動内容のカードの中に入れることができるので、教師がいなくても自分で必要な動画を見たり、調べ学習をしたりすることができます。その時間にどんな順番で何をすればよいのか、子ども自身が見通しをもって、自分で学びを進めていけるようになります。

教師の指示がなくても学習が続けられるようになる!

45分間でやることの見通しがもてるので、安心できる!

実践のポイント

- 授業時間内にすべてのカードの活動が終えられる分量にする。
- 子どもの実態に応じたカードを作成する(文字、音声、絵などを使い分ける)。
- 教師がどこで学習指導や状況確認をするかあらかじめ決めておく。
- 例えば、めあてを読む(書く)→教科書を読む→問題を解く→動画を見る→振り返りを書くなど、ある程度ルーティーン化しておき、子どもが安心して取り組めるようにする。

やり方

STEP 1 準備編

❶ロイロノートのカードに、学習内容を書いていく。1枚のカードに、1つの活動を入力する。書き終えたら、カードを学習の順番に並べてつなげる。

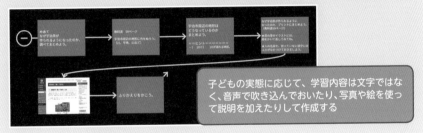

子どもの実態に応じて、学習内容は文字ではなく、音声で吹き込んでおいたり、写真や絵を使って説明を加えたりして作成する

●カードに入力する学習活動の例

・教科書等のページ

子どもが教科書等を閉じてしまっても、自分の力で戻ってくることができるようにする。

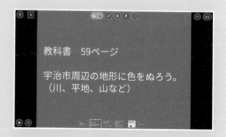

・「書く」「読む」などの具体的な活動

活動はできるだけ簡潔に具体的に記述する。お手本の動画があれば、それをもとに子どもは学習を進めることができる。

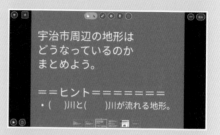

・（必要に応じて）ヒント

子どもの実態に応じて、ヒントを入力しておくと、自分から学ぼうとするきっかけにつながる。

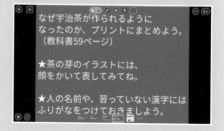

・見てもらいたい資料

「Web カード」を使ってネット上にある資料を示す。Youtube や NHK for school の教育動画のweb カードを作成しておくと、教師が見てほしいタイミングで、子どもが視聴することができる。

STEP 2 実践編

❶「送る」機能を使ってカードを子どもに送付する。

ここにカードをドラッグ

資料箱

提出

送る

STEP 3 展開編

❶送られてきたカードを見ながら子どもたちは学習を進める。カードに書かれている活動をただこなすのではなく、「終わったらカードの色を変えよう」などの声掛けがあると、子どもの達成感や次の学習への意欲につながることが多い。

❷教師は、あらかじめ決めておいた場面で、子どもへ学習指導や支援をおこなう。

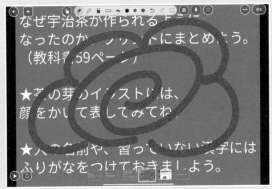

なぜ宇治茶が作られる〜〜〜なったのか、〜〜〜〜〜にまとめ〜う。（教科書59ページ）

★〜の芽のイ〜ストには、顔をかいて表してみてね。

★人の名前や、習っていない漢字にはふりがなをつけておきましょう。

子どもが学習できたら、教師がそのカードに花丸やコメントなどを付けてリアクションすると、子どものモチベーションがさらに上がる

実践者
からの
**ワンポイント
アドバイス**

　教室に子どもが複数人いる場合は、個別対応ができるように、子どもごとに重点的に学習する場面を決めて、被らないようにカードの順番を配置することがポイントです。カードの分量が多いと、見通しもてなくなってしまうため、10枚前後の枚数に収まるようにします。子どもの実態に応じて決めてください。

　Microsoft Power Point や Google slides など
を使っても同じような実践をすることができます。

（土田）

8

鉛筆で書くのが苦手でも他に取り組み方はある！

「デジタル提出だから
　　　お好きにどうぞ」

こんな「困った」ありませんか？

● 課題の提出ができない

　書字に困難のある子どもにとって書く課題に取り組むのはとても大変でノートやプリントをなかなか提出できません。かと言って、「君はタブレットで入力してもいいよ」と伝えても、あまり乗り気ではないようです。

実は子どもも困ってる

● 「自分だけみんなと違う」のは嫌だ

　本当はパソコンやタブレットを使って書くほうが楽でも、「目立つのが恥ずかしい」「あの子だけ特別と思われるのもイヤ」「ズルいって言われないか心配」という気持ちが勝る子どもも多いようです。毎回いちいち印刷して提出するのも、正直なところ面倒に感じられます。

ICT でこんな授業に変わる

● "みんなが違う"環境なら自分に合う方法を選びやすい

　提出方法をデジタルにします。紙のノートに書いた子も、撮影してデジタルで提出します。「紙でも ICT でもどちらでも OK」。全員が自分に合う方法を選んでよいことにすれば、「みんなと違う」というハードルはなくなります。また、教師にノートを預けなくて済むので、常に手元に自分のノートがあり、学びを途切れさせません。提出物の管理も楽です。

使う
ツール

SCHOOL
ロイロノート

すべての子どもが
好きな方法で課題に取り組む

紙と鉛筆　タブレットに　タブレットに　タブレットに　キーボード入力　フリック入力　音声入力
　　　　　タッチペンで　指書き　　　かな入力(50音)

手書き文字　　　　　　　　　活字

デジタル入力を
日常の風景にする

実践のポイント

- ひとくちに書字困難と言っても、その背景にある要因や、困難の程度も様々で、学びやすくなる方法は人それぞれ違う。普段から学び方の多様性を認める教室づくりを心掛け、「人それぞれ違って当たり前」というおおらかさを醸成する。
- 書字障害だから特別の方法を使うというのではなく、紙に鉛筆で書くのが苦手なら別のやり方で取り組めばよいという前向きなメッセージとともに選択肢を示すとよい。

やり方

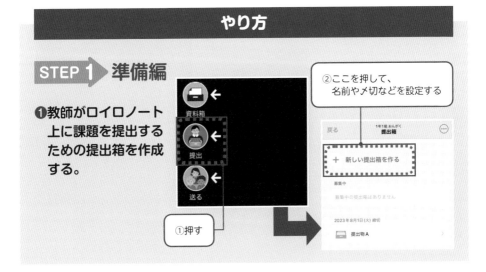

STEP 1　準備編

❶教師がロイロノート上に課題を提出するための提出箱を作成する。

②ここを押して、
名前や〆切などを設定する

①押す

 **実践編**

❶子どもは、アナログでもデジタルでも
各自やりやすい方法で課題に取り組む。
❷教師は提出箱を開く。

紙のノートに書いた人は
カメラカードで写真を
撮って提出してください

ロイロノートで書いた人は
そのカードを
提出してください

はぁい♪

あと17分　提出物A ─── 子どものロイロノートの上部には、提出を促す表示が出る

❸子どもたちは提出箱に提出する。
❹提出された課題は、「共有」を押してクラスで共有してもよい。提出し終わった子にとっても、自分で考えて書くのが苦手な子にとっても、クラスメイトの提出物を見て学ぶ機会となる。

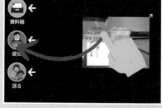

資料箱

提出

送る

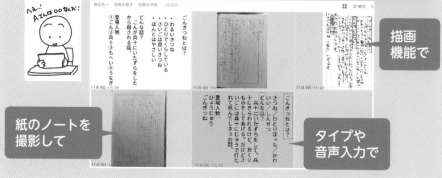

描画
機能で

紙のノートを
撮影して

タイプや
音声入力で

応用編 ································

・紙に鉛筆で書くのが苦手でも、タブレット上で描画機能を使えば書けるという子がいる。そんな子のために、ノートのテンプレートを作成し、資料箱の「授業内共有」に入れておくとよい。ノートを忘れた子どもへのフォローにもなり、一石二鳥。

・スタイラスペンの種類を変えたり、画面にペーパーライクフィルムを張ってみたりすることで、書き心地も違う。道具選びも子どもに提案する。

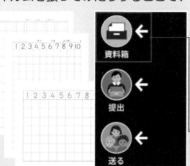

実践者からの ワンポイント アドバイス	私たち教員は、ノートをとる、連絡帳を書き写す、などを当たり前に子どもたちに求めますが、その目的はそもそも何でしょうか。学習の記録を残すことや、時間割や持ち物を連絡することが目的であれば、必ずしも板書を視写しなくても、撮影するだけでよいはずです。

教員の多くは「書いて理解を深める」「手を動かして運動記憶を伴って覚える」といった学び方に苦労したことがないかもしれません。しかし、教室にいる子どもの学び方は実はもっと多様です。「授業中は聞いて理解、見て理解することに専念する」という学び方も、ぜひ尊重したいです。　　　　　(鷲尾)

9 自分に最適なフォント・色を選ぶ 「アクセシビリティ 向上委員会」

こんな「困った」ありませんか？

● 子どもたちの困り感は一人ひとり違う

子どもたちの困り感は一人ひとり違います。色の区別が難しい、特定の文字のフォントが読みづらい、読んでいる場所に注目するのが難しいなど様々な子どもたちがいます。子どもによっては、紙の教科書やデジタル教科書のデフォルト（初期）の設定では、非常に読みにくい場合があります。

実は子どもも困ってる

●「読めない自分が悪い」と思い込んでいる子どもたち

子どもは、色やフォントによって読みやすさが違うことに気付いていないかもしれません。「自分は読むのが苦手なんだ」「自分はみんなみたいに読めない」と思いこんでしまい、落ち込んでいる場合もあります。

ICT でこんな授業に変わる

● 自分に合った環境を子ども自身がつくれるようになる

紙の媒体では基本的に、文字の大きさを変えたり、フォントを変更することができません。しかし、タブレットならば、変更が可能です。ブラウザなどのアプリで、自分の読みやすい文字の大きさや、フォント、画面の色に変更をして、本人が個別最適な学習環境をつくることができます。「勉強が苦手」と思っていた子が、みるみるうちに学習を進めることもあります。

不明瞭な色やフォントの線などを変えると
識別しやすくなる子どもがいる

子どもが自分で
学びやすい環境を
つくっていく！

実践のポイント

● 教員が設定をするのではなく、子どもと相談しながら設定をすることで、子ども自身が自分で学びやすい環境に気が付くことができるようにする。

やり方

STEP 1 準備編　※本スキルでは GoogleChrome ブラウザにおける設定変更を紹介する。

フォント変更のやり方

❶ブラウザの「設定」からフォントを変更できるようにする。

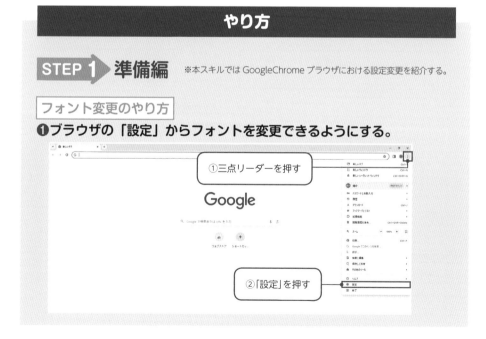

①三点リーダーを押す

②「設定」を押す

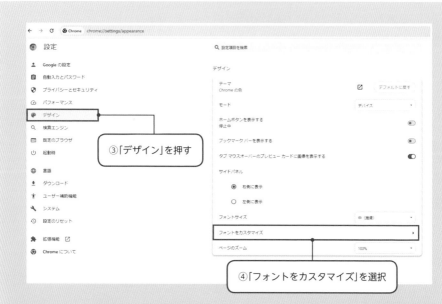

③「デザイン」を押す

④「フォントをカスタマイズ」を選択

❷フォントの種類やサイズを変更して、もっとも読みやすいと思うものを探す。

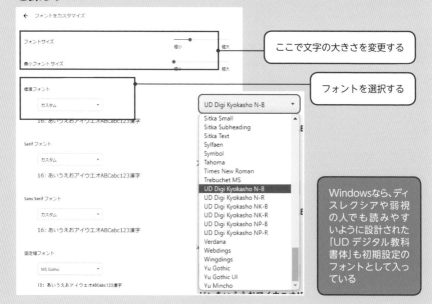

ここで文字の大きさを変更する

フォントを選択する

Windowsなら、ディスレクシアや弱視の人でも読みやすいように設計された「UD デジタル教科書体」も初期設定のフォントとして入っている

ブラウザの色を変える方法

❶ブラウザの色を区別しやすくするための「拡張機能」を入れる。

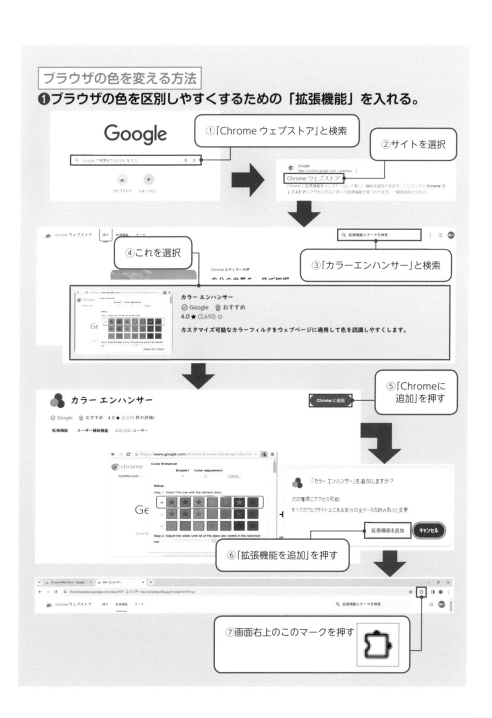

①「Chrome ウェブストア」と検索

②サイトを選択

④これを選択

③「カラーエンハンサー」と検索

カラー エンハンサー

⊘ Google　おすすめ
4.0 ★ (2,693)

カスタマイズ可能なカラーフィルタをウェブページに適用して色を認識しやすくします。

⑤「Chromeに追加」を押す

カラー エンハンサー

⊘ Google　おすすめ　4.0 ★ (2,693 件の評価)

拡張機能　ユーザー補助機能　200,000 ユーザー

「カラー エンハンサー」を追加しますか?

次の権限にアクセス可能:

すべてのウェブサイト上にある自分の全データの読み取りと変更

拡張機能を追加　キャンセル

⑥「拡張機能を追加」を押す

⑦画面右上のこのマークを押す

53

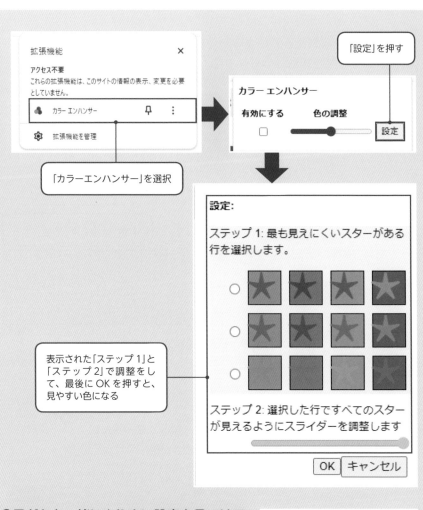

拡張機能　　　　　　　　　　　×

アクセス不要
これらの拡張機能は、このサイトの情報の表示、変更を必要としていません。

🌑　カラー エンハンサー　　　📌　⋮

⚙　拡張機能を管理

「カラーエンハンサー」を選択

「設定」を押す

カラー エンハンサー

有効にする　　　色の調整　　　　設定
□

設定:

ステップ 1: 最も見えにくいスターがある
行を選択します。

○

○

○

ステップ 2: 選択した行ですべてのスター
が見えるようにスライダーを調整します

OK　キャンセル

表示された「ステップ 1」と「ステップ 2」で調整をして、最後に OK を押すと、見やすい色になる

❷子どもと一緒によりよい設定を見つけて
いくのもよい。文字の大きさやフォント、
色を変更しながら子どもが自分で学びや
すい環境をつくっていき、最終的には子
ども自身で環境をつくれるようにうなが
していく。

右と左、
どっちの方が見やすい？

うーん
右かな…

応用編

・今回はGoogleChromeブラウザでの設定方法を紹介したが、Windows、iPad、Chromebookのデバイスにも様々なアクセシビリティ機能がある。

■ Windows の場合

Windows →設定→アクセシビリティ

■ ChromeOS の場合

ランチャー→設定→ユーザ補助機能

■ iPad の場合

設定→アクセシビリティ

実践者
からの
**ワンポイント
アドバイス**

　　紙の資料では、文字の大きさやフォントを変更することはできませんが、デジタルの資料ならこれらを変更することができます。これをきっかけにデジタルでの資料の配布に切り替えてもよいかもしれませんね。

　　子どもたちにとって、自分で学びやすい環境をつくっていくことは重要な経験となります。教員は、学びやすい環境をつくるための選択肢を子どもに多く提示できるようにしていきたいです。子どもと一緒に試行錯誤することで、「先生は一緒に考えてくれる味方」と安心感を与えることもできます。　（平間）

10

全教員で使えるうれしい支援ツール

「ルビ付き・分かち書き PDFで学習サポート」

こんな「困った」ありませんか？

● 困っている子どもに役に立つ資料をその場ですぐに渡せない

漢字の読みが著しく難しい子どもがいます。また、文の切れ目を認識しづらく、音読が非常にたどたどしい子もいます。音読の時間がつらそうです。「そうだ！たしか指導書の付録に、分かち書きとルビ付きテキストの PDF データがあったはず！」と、すごくよいことに気付いたのに、CD をとりにいってデータを読みこむとなると、使いたいときにすぐに使えません。

実は子どもも困ってる

● 内容は理解しているのに……

この漢字は何だっけ……。教科書に振り仮名を書き込むのも大変な子どもがいます。言葉のまとまりが分からず戸惑っています。なぜみんなはスラスラ音読できる？　授業の内容は理解できるのに。悔しい思いをしています。

ICT でこんな授業に変わる

● ロイロノートの資料箱に、提案できる支援を備えておける！

分かち書きやルビ付きの PDF データをロイロノートで保存しておきます。苦労している子どもがいたら「試しにこれで読んでみる？」とカードを送ります。本人が「これで学びたい」と思うのであれば、継続して活用していきます。授業中に思い付いたらすぐに提案できる支援です。

読みにくそうにしている
子どもにすぐに
分かち書きやルビ付き
データを提供できる

語の区切りで改行される

方向を変えると、その広いぬま地のずっと

もう少しでたまのとどくきょりに

残雪のために

してやられてしまいました。

分かち書き

を変えると、その広いぬま地のずっと西
もう少しでたまのとどくきょりに入っ
残雪のためにしてやられてしまいました。

ルビ付き

実践のポイント

● 著作権の関係で、分かち書きやルビ付きの PDF データを学内共有資料箱に入れて「生徒全員が使える状態」にすることは避ける。特別な支援が必要な子に対して個別に PDF データを渡すなどして、著作権法上「必要と認められる限度」において利用すること。

やり方

STEP 1 準備編

❶例えば、光村の国語の指導書には 4 枚組の付録 CD がある。うち D の CD にはルビ付き教科書と分かち書き教科書の PDF データが収録されている。これらを PC で読み込む。

❷CD を読み込んだ PC でロイロノート（アプリ版ではなく WEB 版）を開き、「新規ノート」を作成。以下の手順で、CD のデータを取り込む。

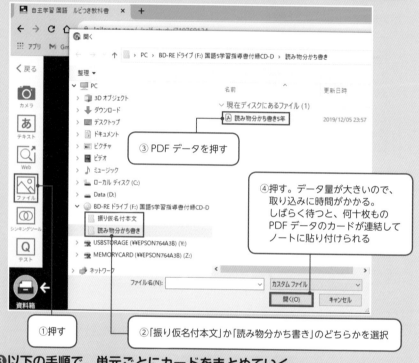

③ PDF データを押す

④押す。データ量が大きいので、取り込みに時間がかかる。しばらく待つと、何十枚もの PDF データのカードが連結してノートに貼り付けられる

①押す

②「振り仮名付本文」か「読み物分かち書き」のどちらかを選択

❸以下の手順で、単元ごとにカードをまとめていく。

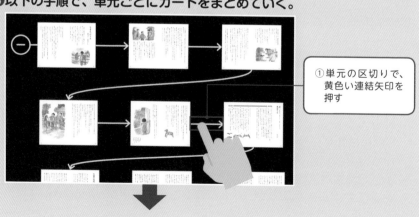

①単元の区切りで、黄色い連結矢印を押す

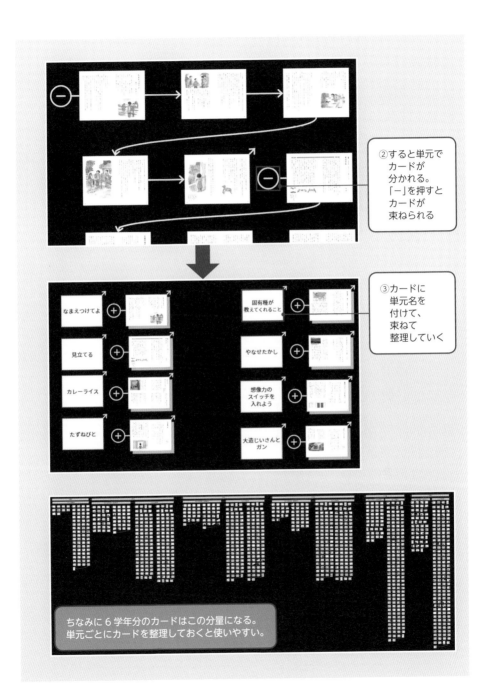

②すると単元で
カードが
分かれる。
「−」を押すと
カードが
束ねられる

③カードに
単元名を
付けて、
束ねて
整理していく

なまえつけてよ

見立てる

カレーライス

たずねびと

固有種が
教えてくれること

やなせたかし

想像力の
スイッチを
入れよう

大造じいさんと
ガン

ちなみに6学年分のカードはこの分量になる。
単元ごとにカードを整理しておくと使いやすい。

❹整理したカードを以下の
手順で資料箱に保存す
る。6学年分のデータを
すべて資料箱に取り込ん
でおくことが可能。

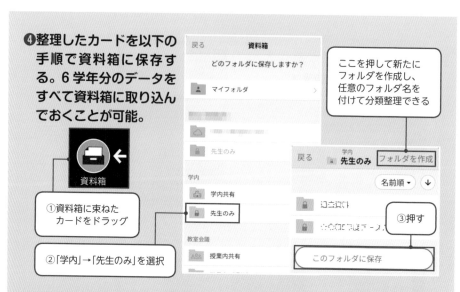

ここを押して新たに
フォルダを作成し、
任意のフォルダ名を
付けて分類整理できる

①資料箱に束ねた
カードをドラッグ

②「学内」→「先生のみ」を選択

③押す

❺資料箱に保存したら、著作権法上で可能な運用ルールと活用法などを
教職員間で共通理解しておく。

STEP 2 実践編

❶困っている子どもがいたら、以下のような手順で授業や個別相談の際
に活用を提案する。

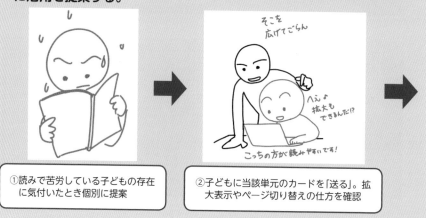

①読みで苦労している子どもの存在
に気付いたとき個別に提案

②子どもに当該単元のカードを「送る」。拡
大表示やページ切り替えの仕方を確認

③本人にとって読みやすいようであれば、しばらく試用する。合理的配慮として正式に利用する場合は、本人、保護者、特別支援委員会等で確認する。翌年度以降も支援が引き継がれるようにする

④授業中に利用する、家庭で音読の宿題に利用するなど、本人にとって必要な場面で活用できるようになっていく

実践者からのワンポイントアドバイス

子どもたちの読みの困難さは、デコーディング（文字から音への変換）や漢字の読みだけでなく、他にもいろいろな要因があります。ここでは国語の教科書の分かち書きとルビ付きの支援を示していますが、他にも「フォントの変更」「背景色と文字色の組み合わせ」「行間や字間」「横書きと縦書きの変更」「読んでいる所をマーカー表示」などなど、デジタルだからこそできる支援がたくさんあります。

今後、デジタル教科書を使うのが当たり前になれば、より個々の読みやすさにフィットした表示へとカスタマイズしやすくなることが期待できます。

（鷲尾）

11

何度も見返して「できた！」を達成

「動画でお手本」

こんな「困った」ありませんか？

● 分かるまでお手本を示してあげたい

玉留め・玉結び、紙の折り方や道具の使い方、体育の実技などは、繰り返し実践して身に付いていくものです。「手本を間近で見たい」「ゆっくり見たい」「何度も見たい」「すぐチャレンジしたい」など、子ども一人ひとりに合わせた方法・ペースで学習を進めたいです。

実は子どもも困ってる

● お手本がよく見えなかった、もう1回見たい

実技の技能は教師がお手本を見せますが、一度では覚えきれません。教科書やプリントの写真だけではよく分からず、諦めてしまう子どももいます。

ICTでこんな授業に変わる

● 動画でお手本を配布できる

動画でやり方を配布すると、子どもたちはお手本を何度も繰り返し見ることができます。また、速度を調整してゆっくり見ることもできます。自分の理解しやすいペースで、ときには再生を止めて静止画でじっくり観察し、学習を進めることができます。何度も自分で見返しながら、自分のペースで取り組むことができるため、試行錯誤の時間が生まれます。粘り強くがんばった末、「自分でできた」という達成感につながります。

実践のポイント

- 何をしている動画なのか、必ずタイトルを付けるようにする。
- 音声なしでも何をしているのかが分かるような動画を作成する。
- いろいろな角度から撮影し、具体的に何をしているのか分かるようにする。

やり方

STEP 1 準備編

❶動画を撮影する。三脚など、固定できる
ものがあれば、カメラを固定して撮影す
る。機材がなくても、ロッカーなどに端
末を固定すれば、机上の手元がよく見え
るように撮影できる。

❷教室が騒がしいときに動画を再生しても
理解できるように、音声での説明はでき
るだけせず、手元で表現するようにする。

❸撮影した動画をロイロノートにアップロードする。

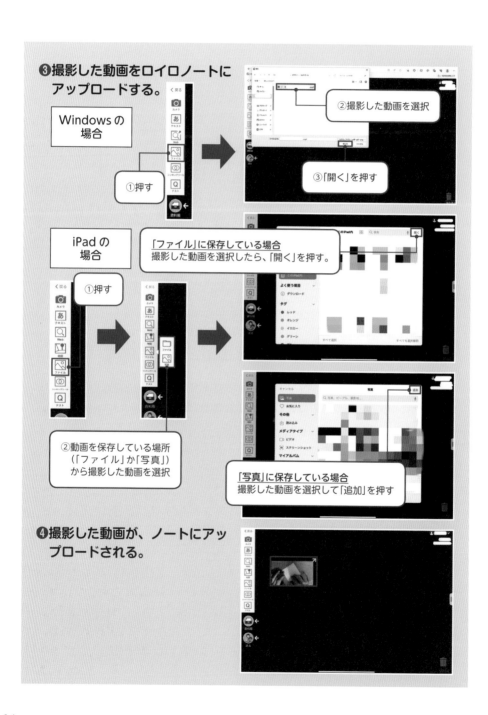

Windows の場合

①押す

②撮影した動画を選択

③「開く」を押す

iPad の場合

①押す

「ファイル」に保存している場合
撮影した動画を選択したら、「開く」を押す。

②動画を保存している場所
（「ファイル」か「写真」）
から撮影した動画を選択

「写真」に保存している場合
撮影した動画を選択して「追加」を押す

❹撮影した動画が、ノートにアップロードされる。

❺必要に応じて動画を編集をする。

動画の最初をカットしたいとき

> 動画を始めたい場所まで再生して、「始」を押す

動画の最後をカットしたいとき

> 動画を終わらせたい場所まで再生して、「終」を押す

❻何の動画か分かるようにタイトルを入れる。

動画の中にタイトルを入れる方法

②「カード内に」を選択

①上部の「+」ボタンを押し、カードを選択する

③カードにタイトルを入力

動画の外にタイトルのカードをつくる方法

ツールバーから「テキスト」を選択し、カードを出す

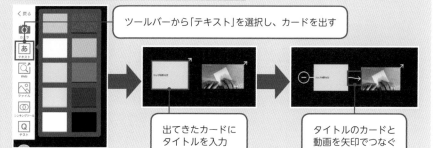

出てきたカードにタイトルを入力

タイトルのカードと動画を矢印でつなぐ

STEP 2 実践編

❶子どもたちへ動画を共有する。

資料箱 ←

提出 ←

送る ←

「送る」機能を使う方法

「送る」機能を使ってカードを個人、または全員に送信する。

「資料箱」機能を使う方法

①保存したいフォルダを作成する。

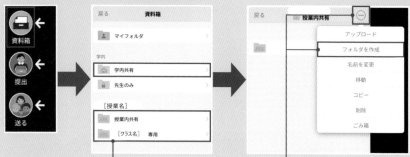

この３つのフォルダが、子どもたちと共有できる資料箱なので、どれかを選択

上部の三点リーダーを押し、「フォルダを作成」を押す。フォルダ名を入力して、「OK」を押すとフォルダが作成される

②動画を「資料箱」に保存する。

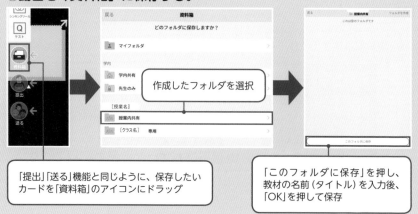

作成したフォルダを選択

「提出」「送る」機能と同じように、保存したいカードを「資料箱」のアイコンにドラッグ

「このフォルダに保存」を押し、教材の名前（タイトル）を入力後、「OK」を押して保存

STEP 3 展開編

❶子どもたちは共有された動画を見ながら学習を進める。

ここを押すと、速度を変更することができる。例えばゆっくり見たい場面をスロー再生することも可能

実践者 からの ワンポイント アドバイス

　授業中に大型掲示装置で教師の手元を拡大して投影するのとは異なり、「何度も見返すことができる」「速度を調整して見ることができる」という点がポイントです。動画の撮影には、少し時間がかかったり、編集が必要だったりすることもあります。しかし、子どもたちが自分で進められるように準備をしておくことで、授業中に困っていたり、支援を必要としていたりする子どもへ時間を割くことができます。また、翌年度以降もずっと使えます。「できない」「分からない」という声ではなく、「できた」という声があふれる教室にすることができます。　　（土田）

12

コミュニケーションがモチベーションを生む！
「コメント 送り合いっこ日記」

こんな「困った」ありませんか？

● 子どもたちの力を伸ばしたいけれど

　例えば国語の力を伸ばすために、継続して「日記を書く」という学習があります。しかし、単に「日記を書きましょう」という活動をしても意欲がわかず苦労している子どももいます。

実は子どもも困ってる

● 書く意味が分からない課題

　書くことに意欲がわかない子どもにとって、日記などの学習はつらい学習になることもあります。書いても、先生が読むだけで目的が不明確でモチベーションがわきません。

ICT でこんな授業に変わる

● クラスメイトのコメントでモチベーションアップ

　日記を書いた後に、子ども同士で互いに日記を読んだ感想や質問を書いたコメントカードをオンラインで送り合う活動をとりいれます。クラスメイトから共感が得られると前向きに取り組むきっかけになります。また、上手な書き方や語彙の具体例を教師がピックアップすれば、子ども同士で真似することができるようになります。具体的で分かりやすい文章の書き方のお手本を学習することで、「次はこうしてみよう！」という向上心につながります。

「書く」
モチベーションが
上がる！

上手な子どもの
書き方から学べる！

実践のポイント

- 実施する際は、事前に日記を共有することを子どもたちに伝えておく。
- 日記を見られることをプレッシャーに感じる子どもがいることに十分に配慮をする。クラスメイトにコメントを送るだけ、日記を見るだけといった形でも参加できるよう幅をもたせる。
- 「情報モラル」の観点からどのようなコメントをもらったらうれしいか、相手が傷付くコメントはどのようなものかなどの指導をする。子ども同士のやり取りは教師が見守り、相手がもらって嬉しいコメントになるよう、表現を一緒に考える。

やり方

STEP 1 準備編

❶ロイロノートの「提出」を押し、提出箱をつくり、「準備中で作成」にしておく。

閉じる	新しい提出箱を作る
タイトル	
11月16日提出 日記	
準備中で作成	今すぐ募集開始

STEP 2 実践編

❶子どもたちに日記の課題を伝えたら、作成した提出箱を開き、「準備中」ボタンを押し、締め切りを設定して「募集開始」を押す。

締切日時を設定してください

日付	2023 / 11 / 16
時刻	19 : 15

2023年11月16日 19:15 | 10分後

| 10分後 | 今日中 | 募集開始 |

❷「回答を共有」を押し、子どもたち
同士で提出物を見られる状態にする。

❸以下の手順で「生徒間通信」をONにする。

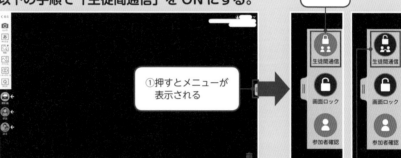

①押すとメニューが
表示される

②押す

③鍵マークが外れ、「送る」から子ども同士でカードを送り合うことができるようになる

❹子どもたちが日記を紙のノートで書いている場合は、写真を撮って提
出する。ロイロノート以外のアプリで書いている場合は、スクリーン
ショットなどの機能を使ってロイロノートに取り込んで提出する。

STEP 3 展開編

❶子どもたちは、クラスメイトの日記を
読んで感想や質問をカードに入力する。
テキスト入力、手書き入力、音声入力
など、子どもたちの実態に応じて、感
想や質問の入力方法を選択し、「送る」
からクラスメイトに送信する。
❷教師は「送る」から、子ども同士のや
り取りを見守る。よい質問や感想があれば、ピッ
クアップして褒めるとよりよい活動につながる。

応用編

- 「コメント」ではなく、顔の表情のイラストで、日記を読んだ人の「感情」を送りあってもよい。文字を打ったり思ったことを言語化したりすることが苦手な子がいる場合、気軽にコメントの代替として使える。イラストは教師が事前に配布するか、資料箱に入れてお

く（画像は無料で著作権フリーで使える「いらすとや」のもの）。
- 日記以外でも、同じような実践をすることが可能。例えば、図工の作品の交流（鑑賞）などで、クラスメイトの作品を見て、「いいな」と思ったことを、直接子どもたち同士で伝えることもできる。

実践者からのワンポイントアドバイス	「コメントをもらいたいから数行だけでも書いてみよう」「もっと伝えたい」という子どもたちのモチベーションを向上させるための実践です。これは、子ども同士の信頼できる関係が育っており、「日記を見てもらいたい」という思いがあってこそ成り立つものです。 　一方で、「日記を見られたくない」という子どもの場合、逆効果になる可能性があります。最初は小グループでおこなう、匿名でおこなうなど、慎重に判断し子どもが安心して参加できる方法で実施してください。カードが一枚もこない子どもをなくすために生活班などで送りあう相手を決めておくとより安心です。　　　　　　　　　　　　　（土田）

13

自分で思い込みに気付ける！
「音声で文章チェック」

こんな「困った」ありませんか？

● タブレットで文章を書いたときに……

　最近は子どもたちもタブレットで文章を書く機会が増えてきています。子どもの書いた文章を見ると不思議な文章が……。子どもに「もう一度確認してごらん」と言っても、なかなか気が付いてもらえません。

　教師が読み上げれば、おかしな点に気が付けるのですが、自分で気が付いて修正し、自ら学びを進められるようになってほしいと思います。

実は子どもも困ってる

● こう書いてあるはずなのに…

　自分が書いた文章は、こう書いてあると思い込んでいることもあります。そんなときに何度確認されても理解できません。「ここをもう一度読んでみて」と言われても、自分の頭の中でできあがっている文章を読んでしまうので、気付けません。

ICT でこんな授業に変わる

● 自分で確認する手段をもつ

　タブレットに読み上げてもらうことにします。自分の文章を耳で聞いて、客観的に捉えます。

自分の文章を客観的に音声で捉えることで、
間違いに気が付ける

教師がいなくても
自分で気付ける！

実践のポイント

●多くの子どもがいる教室で実施するときは、イヤホンを使用すると自分の書い
た文章をより集中して聞くことができる。

やり方

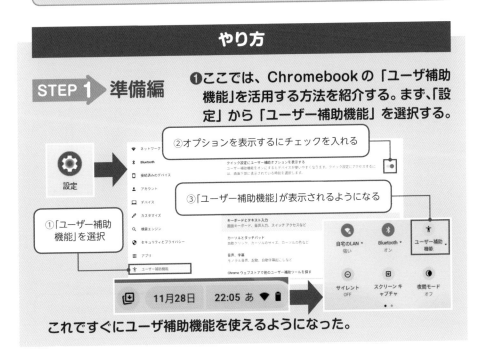

STEP 1 準備編

❶ここでは、Chromebook の「ユーザ補助
機能」を活用する方法を紹介する。まず、「設
定」から「ユーザー補助機能」を選択する。

②オプションを表示するにチェックを入れる

③「ユーザー補助機能」が表示されるようになる

①「ユーザー補助
機能」を選択

これですぐにユーザ補助機能を使えるようになった。

❷読み上げ機能を設定する。

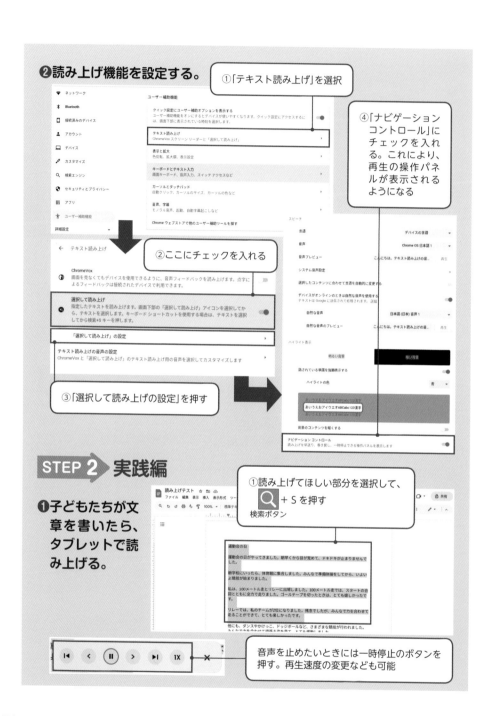

①「テキスト読み上げ」を選択

④「ナビゲーション コントロール」に チェックを入れる。これにより、再生の操作パネルが表示されるようになる

②ここにチェックを入れる

③「選択して読み上げの設定」を押す

STEP 2 実践編

❶子どもたちが文章を書いたら、タブレットで読み上げる。

①読み上げてほしい部分を選択して、🔍 + S を押す
検索ボタン

音声を止めたいときには一時停止のボタンを押す。再生速度の変更なども可能

応用編

・「設定」から、さらに詳細な設定ができる読み上げの速度や声の高さ、音量など自分の聞きやすい音声を探すとよい。

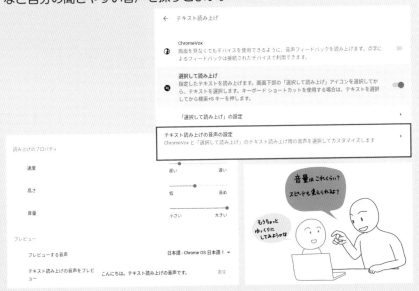

　私たち大人も、普段自分の書いた文章を誰かに声に出して読んでもらうことは滅多にありません。もし、目の前で他人に音読されたら、恥ずかしさもあります。でも、タブレット相手ならばそんな思いも軽減されるはずです。

　タブレットのユーザー補助機能などは文章を書くときに助けてくれる機能がたくさんついています。設定を子どもと一緒にすることで、他の設定にも興味をもって自分で学びやすい環境をつくるきっかけづくりにもなるはずです。　　　　　（平間）

14 デジタル教科書のパワーを最大限活用！
「苦手な子のための 音読練習サポート」

こんな「困った」ありませんか？

● 音読以前に漢字が苦手

　漢字の読みでつまずいている子どもたちは、一字ずつ漢字の読み方を確認するように読むため、スムーズに音読できません。読み書きに困難のある「ディスレクシア」の子どもは音読が苦手です。教師として、学習に対して苦手意識をもたせてしまうのは避けたいです。

実は子どもも困ってる

● 読みをサポートしてもらうことへの遠慮や気恥ずかしさがある

　漢字の読みでつまずいている子どもの場合、読みをサポートしてくれる人がいないと、音読の練習を進められません。いつもサポートしてくれる人がいるわけではないので、自分から学習する機会が失われてしまいます。

ICT でこんな授業に変わる

● デジタル教科書なら自分で読みを確認しながら音読練習ができる！

　そんな場合は、デジタル教科書を使ってみましょう。デジタル教科書なら、読み上げ機能で、耳で聞いてから繰り返し読む練習ができます。サポート機能で漢字にふりがなをつけたり読み上げの速度を調整することもできます。これらの機能をフル活用することで、子どもたちは自分に合った方法で、好きなペースで音読の練習を進めることができます。

周囲の目を気にせず、
一人で音読の練習ができる

字体やハイライト色を
変えて自分に合った
練習方法を選択できる！

実践のポイント

● 「特別扱い」されると傷付く子どももいるので、デジタル教科書は特別なもので
はなく、誰もが活用してよいと法律（学校教育法）で認められた教材であるこ
とを伝える。
● この方法での音読練習を強制するのではなく、「読めるようになりたい」という
気持ちになった子どもに対し、練習方法の1つとして提案する。

やり方

STEP 1 準備編

❶ デジタル教科書を立ち上げ、目次から音読するページを選択する。

※ P77-79の画像出典：光村図書出版小学3年生
の国語のデジタル教科書より引用

STEP 2 実践編

❶読み上げ機能で、音読のお手本を聞く手順は以下の通り。

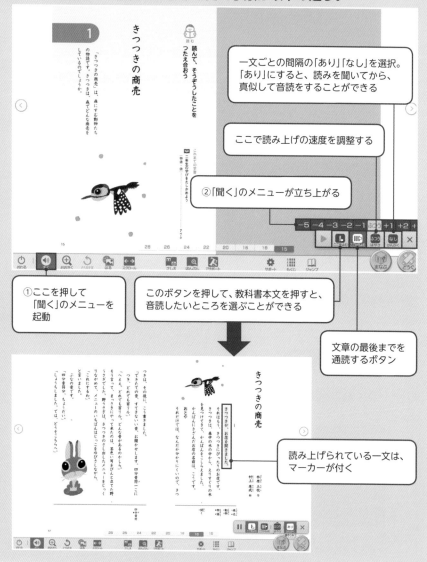

一文ごとの間隔の「あり」「なし」を選択。「あり」にすると、読みを聞いてから、真似して音読をすることができる

ここで読み上げの速度を調整する

②「聞く」のメニューが立ち上がる

①ここを押して「聞く」のメニューを起動

このボタンを押して、教科書本文を押すと、音読したいところを選ぶことができる

文章の最後までを通読するボタン

読み上げられている一文は、マーカーが付く

❷ルビや表示の設定を変更する手順は以下の通り。

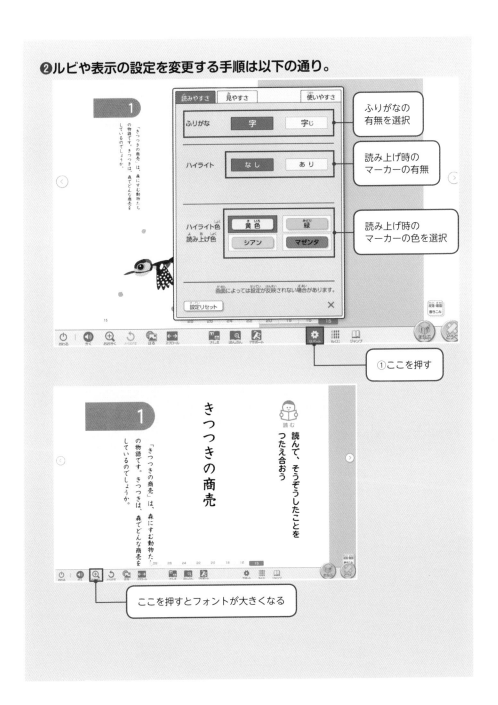

読みやすさ 　見やすさ　　　　　　使いやすさ

ふりがな 　　字　　　　字じ

ハイライト 　　なし　　　　あり

ハイライト色 　　黄色　　　　緑
読み上げ色 　　シアン　　　マゼンタ

画面によっては設定が反映されない場合があります。

設定リセット　　　　　　　　　　×

ふりがなの
有無を選択

読み上げ時の
マーカーの有無

読み上げ時の
マーカーの色を選択

①ここを押す

きつつきの商売

読んで、そうぞうしたことを
つたえ合おう

「きつつきの商売」は、森にすむ動物たちの物語です。きつつきは、森でどんな商売をしているのでしょうか。

ここを押すとフォントが大きくなる

STEP 3 展開編

❶ロイロノートで音読練習を録音したり、動画で撮影したりすれば、自分で再生し、振り返ることができる。あるいは、提出箱に提出して、教師がアドバイスをしてもよい。

録音のボタンを押して音読を録音

カメラのボタンを押し、ビデオボタンを選択すると動画が撮影できる

応用編

・Microsoft Office365に入っている「Reading Progress」というツールでも、子どもの音読練習ができる。やり方は以下の通り。

❶ Microsoft teams for Education を開き、「課題」→「作成」ボタンを押す。出てきたコマンドで「新しい課題」を選択。

❷「音読の練習」を選択。

❸子どもたちが課題を音読すると、AIが読みの発音をチェックし、適切でない場合は正しいものを提案してくる。自動採点の機能を設定することも可能。課題を作成するときに、点数を100と入力すると自動採点の機能が追加される。教師からのフィードバックと得点を見て、自分の音読を振り返ることができる。

実践者からの**ワンポイントアドバイス**

　自分の音読を録音することで、自分の読みの振り返りをすることができるようになります。ログを残しておくことで自分の成長を感じることもできます。また、みんなの前では、読むことが恥ずかしくても、家で録音したものを学校で聞いてもらうことができます。少しずつ成功体験を積み重ねていくことで、子どもたちの学ぶ意欲と自己肯定感を育みたいものです。　　　　　　　　　　　　（山田）

15

子どもの「分かりません」を学びのチャンスに変える！

「検索・保存・発表の
3コンボ」

こんな「困った」ありませんか？

● 子どもの「なぜ」「どうして」に対応したいのだが……

日常生活や授業の中で「なぜ」「どうして」と思ったときに、その疑問をうまく言葉に表現できなかったり、あるいはクラスメイトの前で言い出せなかったりして、そのまま放置してしまう子どもがいます。一方で、特定の分野にこだわりがある子どもの場合、琴線にひっかかることがあると教師への質問が止まらなくなる子どももいます。

どちらの子どもの疑問も上手にキャッチして、成長につなげたいのですが、多くのクラスメイトがいる中で、きめ細やかに個別対応できないこともあります。

実は子どもも困ってる

● 答えをもらっても、また疑問が浮かんでくる

でも、実はせっかく教師に個別対応してもらっても、満足できないこともあります。質問に対する答えをもらっても、さらに疑問が出てくるからです。

ICTでこんな授業に変わる

● 魚をあげるのではなく、魚の釣り方を教える

分からないことがあった際に、大人に答えを求めるのではなく、自分で調べる力が身に付けば、学習もとぎれることなく、成長を続けることができます。教師は、答えではなく、調べ方を子どもに伝えていくことが重要なのです。

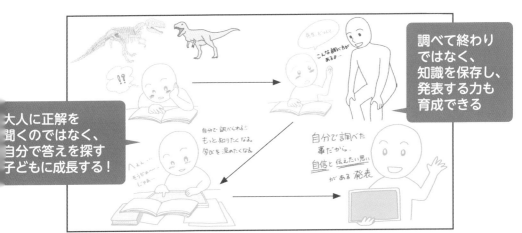

大人に正解を
聞くのではなく、
自分で答えを探す
子どもに成長する！

調べて終わり
ではなく、
知識を保存し、
発表する力も
育成できる

実践のポイント

● 日常生活の中で、疑問に思ったことやつぶやきを教師が拾うようにする。
● 同じ興味をもっている人と話をする機会を積極的につくる。
● ネット検索だけでなく、書籍など、いろいろな方法で調べることを子どもに推奨する。

やり方

STEP 1 準備編

❶ 主な検索エンジン
について、子ども
に概要を解説する。

検索エンジン（サーチエンジン）　検索窓と呼ばれるボックスに入力されたキーワードに関連する情報を世界中の Web サイトから探し出すシステム。

●代表例
Google　　　　　Google 提供。ユーザーにあわせて検索結果をカスタマイズすることも可能
YAHOO! JAPAN　Yahoo! Japan 提供。Yahoo! きっずの提供がある
Microsoft Bing　Microsoft 提供。AI をコア検索アルゴリズムに通用

❷検索のテクニックを伝える（以下、Google検索の例）。

・検索結果を絞り込める「AND検索」

　　検索ボックスに複数のキーワードを入力し、すべてのキーワードを含むサイトを表示する。1つめのキーワードのあとに空白（スペース）を入力して次のキーワードを入力するというごく一般的な検索方法。

Google

🔍　魚　深海魚　　　　　　　　　　　　　　×　🎤　📷

・検索対象を広げる「OR検索」

　　2つ以上のキーワードのいずれかを含むページを検索する場合は「OR」検索を使う。「1つめのキーワード」「空白」「OR」「2つめのキーワード」と入力する。

恐竜 or 鳥　　　　　　　　　　　　　　×　🎤　📷　🔍

・不要なキーワードを含むサイトを除外する「NOT検索」

　　検索したいキーワードのあとに半角スペースを入力。続けて「－」（半角マイナス）を入力し、不要なキーワードを入力すると、2つめのキーワードを含まない検索結果が表示される。

コロコロ -コミック　　　　　　　　　　　×　🎤　📷　🔍

❸音声検索

キーワードを打ち込むのではなく、音声で入力する方法。

❹画像検索

似たような画像を検索する方法。

音声入力　画像検索

STEP 2 実践編

❶子どもが疑問を抱いたら、すかさず「検索」させる。

・子どもたちの発言やつぶやきなどから、一人ひとりの関心事に注意を払う。例えば、給食で出た魚の名前だったり、校庭の雑草だったり、日常の中での小さな気付きを大切にする。子どもたちの気付きをもとに質問を投げかけ、何に興味・関心があるのかを引き出していく。

❷調べたことは、コピーやスクリーンショットなどで「保存」する。

・「答えを見ておしまい」にせず、知識の定着を図るために、必ず検索結果を目に見える形として保管する。

●スクリーンショットのとり方

---

iPad の場合
・ホームボタンのある iPad
　1　保存したい画面を表示
　2　「トップボタン」と画面下にある「ホームボタン」を同時に押す
・ホームボタンのない iPad
　1　保存したい画面を表示
　2　「トップボタン」と「音量を上げるボタン」を同時に押す
　　＊指を離した際に画面が白く光り、カメラのシャッター音がなる
　　＊「スクリーンショット」で撮影した画像は「写真」のカメラロールに保存される

Windows11 の場合
キーボードにある「PrtScn」キーを押す。すると、「ピクチャー」フォルダ内の「スクリーンショット」フォルダに自動的に保存される

Chromebook の場合
Chromebook に「スクリーンショット」キーがない場合は、Shift + Ctrl +ウインドウを表示キーを押す。設定から「フォルダを選択」を選択。スクリーンショットは、選択したフォルダに保存される

---

❸読むことが苦手な子どもは、読み上げ機能を使って内容を理解することもできる。

●読み上げ機能の使用方法

1．Microsoft Edge で、読み上げたいページを開く。
2．F9 キーを押すか、アドレスバーで「イマーシブリーダー」と入力して、イマーシブリーダーを起動する。
3．ページの上部にあるリボンツールバーから、「音声で読み上げる」を選択。

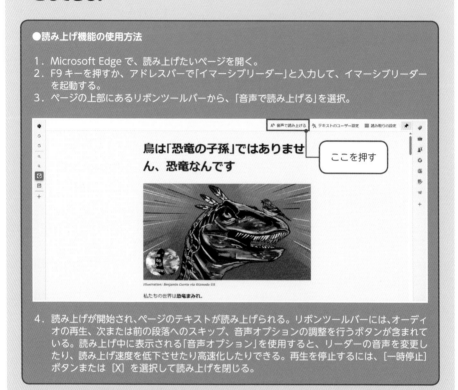

4．読み上げが開始され、ページのテキストが読み上げられる。リボンツールバーには、オーディオの再生、次または前の段落へのスキップ、音声オプションの調整を行うボタンが含まれている。読み上げ中に表示される「音声オプション」を使用すると、リーダーの音声を変更したり、読み上げ速度を低下させたり高速化したりできる。再生を停止するには、［一時停止］ボタンまたは［X］を選択して読み上げを閉じる。

❹機会を設けて、クラスで「発表」する。
・朝の会や帰りの会などで、子どもたちの気付きを発表する時間を設け、ロイロノートなどでかんたんなプレゼン資料をつくり、プレゼンさせる。

応用編

- 検索結果のスクリーンショットなどはクラウド上に保存すると、いつでも、どこでも見たいときに閲覧することができる。
- クラウドとは、インターネットを通じて、サーバーやストレージ、ソフトウェアなどのリソースを必要なときに必要な分だけ利用することができる仕組み。クラウドサービスを利用することで、データの保存や取り出し、共有がかんたんにできるため、作業も非常にはかどる。
- ロイロノートのカードに検索結果をはったり、Google slidesやMicrosoft PowerPointで情報を残すこともできる。また、電子書籍のような形でまとめることもできる。
- 「Book Creator」というアプリはWeb上で画像、動画、音声、手描きのイラストなどを組み合わせ、電子書籍用のデータが作成できる。

Book Creator

実践者からの**ワンポイントアドバイス**

興味やこだわりは子どもたちの宝物です。子どもたちの感性だからこそ感じることができる気付きや疑問を大切にしたいです。周囲の子どもたちと話題を共有することで、新しい視点をもらい、新たな気付きが生まれ、さらに内容が深まるはずです。

（山田）

16

英語が苦手という「心の壁」を取り除く
「英単語"スカウター"遊び」

こんな「困った」ありませんか？

●「英語嫌い」から抜け出せない子どもがいる

音韻処理に困難さがある子どもにとって、アルファベットには意味の助けがない分、漢字よりも大きな関門になることが多いようです。そもそも大文字・小文字の認識も難しく、辞書を使うこと自体が大変です。「英語なんて分かるわけがない」と諦めているケースもあります。

実は子どもも困ってる

● 身の回りに英語はあふれている

商品名やお店の看板など、子どもの身の回りに英語はあふれています。これらを「理解したい」気持ちはありますが、どこから手を付ければいいか、途方に暮れています。

ICT でこんな授業に変わる

● 身の回りの英単語を端末の文字認識機能で「スカウト」して遊ぶ！

英語が苦手な子どもは、端末の「文字認識機能」で周りの英語を調べることから始めてみるのも手です。さながら『ドラゴンボールZ』の「スカウター」のようにタブレット端末がその場で英単語をスキャンし、翻訳や読み上げをしてくれます。英語の教科書にも QR コードで音声が流れる仕組みがありますが、それより断然早く調べられるので、自分のペースで手軽に遊び感覚で学習できます。

●残念ながら、自治体によっては翻訳機能を使えない設定にしていることがある。そんな場合は、学校端末ではなく、プライベート端末を使う。「こんな家庭学習ができるんだ」と知るだけでも、英語への心の壁が少し低くなる。

やり方

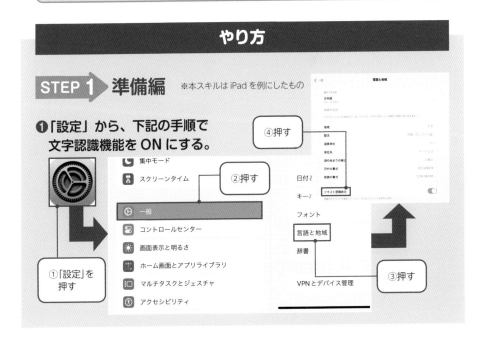

STEP 1 準備編　※本スキルは iPad を例にしたもの

❶「設定」から、下記の手順で文字認識機能を ON にする。

①「設定」を押す

②押す

③押す

④押す

集中モード
スクリーンタイム
一般
コントロールセンター
画面表示と明るさ
ホーム画面とアプリライブラリ
マルチタスクとジェスチャ
アクセシビリティ

言語と地域
フォント
辞書
VPNとデバイス管理

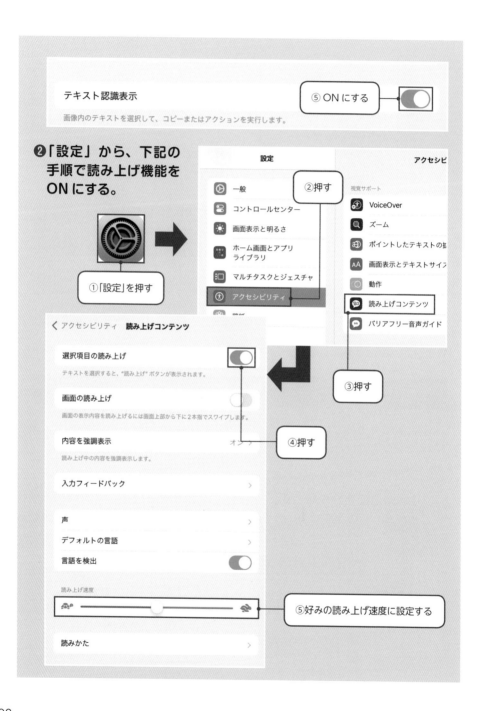

テキスト認識表示

⑤ ON にする

画像内のテキストを選択して、コピーまたはアクションを実行します。

❷「設定」から、下記の
手順で読み上げ機能を
ON にする。

①「設定」を押す

設定

⚙ 一般
🎛 コントロールセンター
🔆 画面表示と明るさ
📱 ホーム画面とアプリ
　　ライブラリ
🔲 マルチタスクとジェスチャ
♿ アクセシビリティ

②押す

アクセシビ

視覚サポート

🔵 VoiceOver
🔍 ズーム
🔵 ポイントしたテキストの拡
AA 画面表示とテキストサイズ
⭕ 動作
🔵 読み上げコンテンツ
💬 バリアフリー音声ガイド

③押す

< アクセシビリティ　読み上げコンテンツ

選択項目の読み上げ

テキストを選択すると、"読み上げ" ボタンが表示されます。

画面の読み上げ

画面の表示内容を読み上げるには画面上部から下に2本指でスワイプします。

内容を強調表示　　　　　　　　　　　　　　　　オン

④押す

読み上げ中の内容を強調表示します。

入力フィードバック　　　　　　　　　　　　　　>

声　　　　　　　　　　　　　　　　　　　　　>
デフォルトの言語　　　　　　　　　　　　　　>
言語を検出

読み上げ速度

🐢 ——————————————— 🐰

⑤好みの読み上げ速度に設定する

読みかた　　　　　　　　　　　　　　　　　　>

STEP 3 実践編

❶端末のカメラで文字を認識する。

① iPad や iPhone のカメラの画面に、読み取りたい英語を収める

文字を認識するとこのようなマークが表示される

文字を認識しているエリアは、黄色いカギカッコで囲まれる。別のエリアを認識させたい場合は、その部分をタッチする

❷文字認識マークを押す。文字認識マークが黄色くなり、認識されたエリアの英語がトリミングされて表示される。

押す

❸読み込みたい部分を押すと下記の通り青くなる。カーソルで調べたい範囲を選択する。

青くなった部分を押すと黒いメニューバーが現れる（次ページ参照）。

❹上部にメニューバーが表示されるので、好きな操作で文字認識した英単語について、調べていく。

コピー	すべてを選択	調べる	翻訳	Webを検索	読み上げ	共有…

翻訳のボックスが開き、日本語訳が表示される

翻訳

次として検出 英語 (アメリカ) ⌄

ALL ABOUT ME...　　　　さらに表示

日本語 ⌄
私についてのすべて

新しいクラスメートに
自己紹介しましょう。　　　▶

翻訳をコピー　　　　　　🗐

よく使う項目に追加　　　☆

e ourselves to our new classr

なんだ
そういう意味かあ…

テキストデータをコピーできる。別のアプリに貼り付けると、オリジナルの「単語帳」を作成できる

（例）ロイロノートに英文を貼り付ける場合
①ロイロノートを開き、画面を長押しする
②「テキストをペースト」を押すと、コピーしたテキストがテキストカードとして貼り付けられる。

英語で読み上げられる。英語の
発音を確認することができる

聴く

応用編

・もちろん、英語だけでなく日本語やその他の言語の文章も文字認識できる。
新聞記事でも教科書でも、テキストなら何でも認識できる。「iPadに音声
読み上げをしてもらって内容を理解する」という学習方法を確立することが
できる。

実践者
からの
ワンポイント
アドバイス

　この支援で英語の4技能を身に付けられるように
なるわけではありません。しかし、「遊び」の一環
として取り組むことで、少し英語が身近なものとし
て感じられるようになります。少なくとも「手も足
も出ない」状況ではなくなります。
　子どもが、興味をもったことを自力で調べたり、
何か手掛かりを得たりするという習慣を身に付ける
ことができれば、大成功と言えるでしょう。
　「自分にもできる英語の学び方がある」という感覚
をもてるように、支援していくとよいと考えます。

（鷲尾）

17 みんなが英語のコミュニケーションに参加できるようになる！
「音声付き英語絵カード」

こんな「困った」ありませんか？

● コミュニケーションの学習が進まない

　普段話している日本語とは異なる外国語に親しみをもてない子どもがいます。読んだり話したりできず自信をなくし、単元終わりのコミュニケーションを図る活動に参加することが難しいケースもあります。

実は子どもも困ってる

● 外国語って面倒くさい、分からない

　アルファベットは前後のアルファベットの並びで音が変わるので読み方が分からなくなってしまいます。日本語とは言い方もアクセントも違うので、なかなか覚えられません。

ICT でこんな授業に変わる

● お手本をすぐに再生できる

　英単語を、絵と音が付いたカードにして端末の中に保存しておきます。これにより、コミュニケーションの中で、発音が分からなくなったときに、すぐに音を確認することができます。

絵と音でも
英単語を覚える

分からなくなったら
すぐに音を再生し
まねることで
コミュニケーション活動に
参加できる

実践のポイント

● 基本的な表現や単語のカードを事前に用意し、発音を録音しておく。
● どのカードがどの表現、単語を指すのかすぐに参照できるように、イラストや
写真を分類して保存しておく。

やり方

STEP 1 準備編

❶イラストや写真をロイロノートにアップロードし、絵カードをつくる。

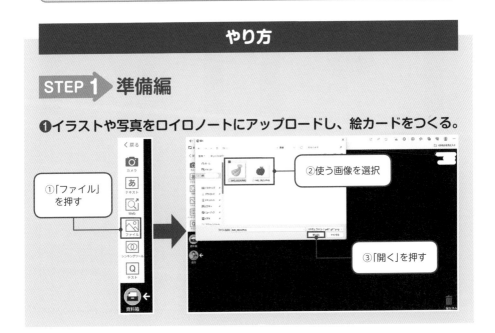

①「ファイル」
を押す

②使う画像を選択

③「開く」を押す

❷絵カードに単語を入力していく。

「テキスト」を押し、出て
きたカードに単語を入力

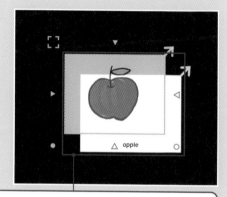

❶でつくっておいた絵カードを単語が入力されたカードに重ねる

❸カードに発音を録音する。担当の教師が発音するだけでなく、ALT に発音してもらう、子ども自身が発音するなどの方法でもよい。

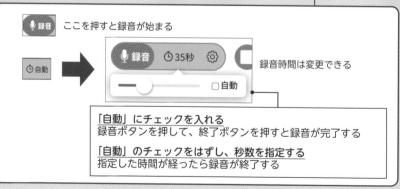

🎤録音　ここを押すと録音が始まる

録音時間は変更できる

「自動」にチェックを入れる
録音ボタンを押して、終了ボタンを押すと録音が完了する

「自動」のチェックをはずし、秒数を指定する
指定した時間が経ったら録音が終了する

❹「終了」ボタンを押して録音完了。

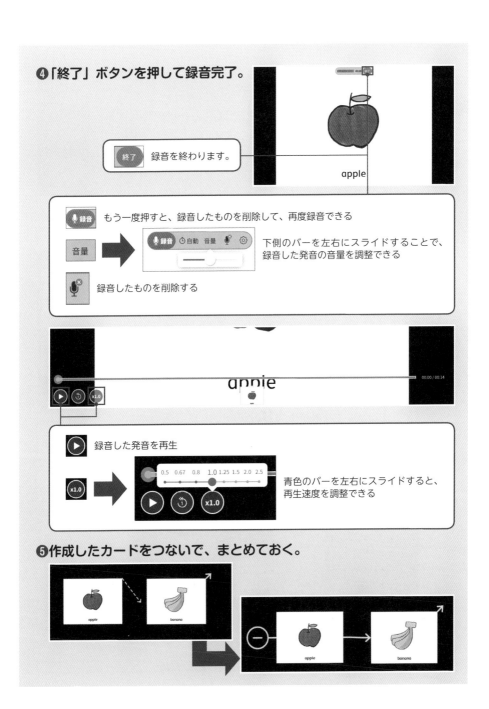

終了　録音を終わります。

録音　もう一度押すと、録音したものを削除して、再度録音できる

音量

録音 🕐自動 音量 🎤 ⚙

下側のバーを左右にスライドすることで、録音した発音の音量を調整できる

録音したものを削除する

▶　録音した発音を再生

x1.0

0.5　0.67　0.8　1.0 1.25 1.5 2.0 2.5

青色のバーを左右にスライドすると、再生速度を調整できる

❺作成したカードをつないで、まとめておく。

apple　banana

apple　banana

STEP 2 実践編

❶下記のいずれかの方法で子どもたちへ単語カードを共有する。

「送る」機能を使う方法

「送る」機能を使ってカードを個人、または全員に送信する。

「資料箱」機能を使う方法

保存したいフォルダを作成する。

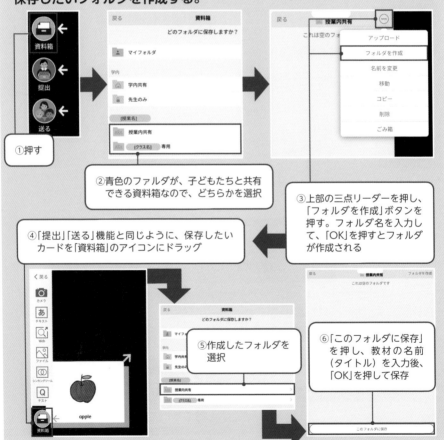

①押す

②青色のファルダが、子どもたちと共有
できる資料箱なので、どちらかを選択

③上部の三点リーダーを押し、
「フォルダを作成」ボタンを
押す。フォルダ名を入力し
て、「OK」を押すとフォルダ
が作成される

④「提出」「送る」機能と同じように、保存したい
カードを「資料箱」のアイコンにドラッグ

⑤作成したフォルダを
選択

⑥「このフォルダに保存」
を押し、教材の名前
（タイトル）を入力後、
「OK」を押して保存

STEP 3 展開編

❶発音が分からなくなった子どもは、カードをお手本として再生し、真似をしながら言語活動をおこなう。

応用編

・カードの写真やイラストを自分でつくって、オリジナルの単語カード、文カードを作成してもよい。

・例えば、学校の図書館の写真を自分で撮りにいき、"library" の発音を自分や教師の声で録音する。これにより実感を伴って外国語に親しむことができるようになる。グループなどで協力して、単語カードをつくり、ロイロノートの「送る」機能を使って、交換し合うなどの活動も可能。

実践者 からの ワンポイント アドバイス	カードの音声再生を、その子どもにとって「お手本」や「身代わり」になるように準備しておきます。自分がなかなか覚えられない単語や表現、使いたいけど忘れてしまった単語や表現を、近くに教師がいなくても確認することができます。 　外国語の文・単語を覚えるために必要な時間やつまずく箇所は、一人ひとり異なります。子どもたちが安心して、楽しんで言語活動に参加したり、外国語に親しんだりすることができるように、工夫をしていきたいです。　　　　　　　　　　　　（土田）

18 自分の「できる」を発表できる
「録画でプレゼン」

こんな「困った」ありませんか？

● みんなの前だと緊張して力を発揮できない…

　詩の朗読、楽器の演奏、総合的な学習の発表など、人の前に立って発表する機会は多いです。でも、練習時ではできるのに、みんなの前に出ると緊張して力を発揮できないという子どもがいます。本当の実力をみんなに見てもらいたいし、自信も付けさせてあげたいのですが……。

実は子どもも困ってる

● 発表が苦痛

　過度に緊張する子どもにとって、改まった雰囲気で発表するのは気が進まず、やりたくないと思うことも多いです。そんな中で発表しても嫌な思い出だけが残ってしまい、自己肯定感も下がります。次の発表が憂鬱になるばかりです。

ICTでこんな授業に変わる

● 一人で集中して発表！

　人前に立って発表するという方法一択ではなく、録画で発表するという方法も選べるようにしましょう。立派にプレゼンをやり遂げる姿を人に見てもらうことを繰り返すことで、スモールステップで自信が付けられます。発表は納得するまで何度も撮影し直せます。よりよい発表を目指して自分の発表をパワーアップさせることもできます。

子どもの不安が軽減される！

無理せず自分のペースで発表できる

実践のポイント

- 子どもが自信をもてるようになることが重要。録画時に大人はあたたかい雰囲気で見守り、何度でもできることを伝える。
- 発表できない子どもだけでなく、クラス全員が録画で発表すると、できない子どもの「特別感」をなくすことができる。
- 発表できる子も、自分を客観的に見ることでブラッシュアップにつながる。
- 自信が付いてきたら、少人数からスタートして、少しずつ人前でも発表できるようにしていくとよい。

やり方

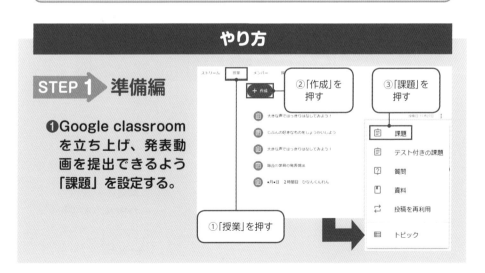

STEP 1 準備編

❶Google classroom を立ち上げ、発表動画を提出できるよう「課題」を設定する。

②「作成」を押す

③「課題」を押す

①「授業」を押す

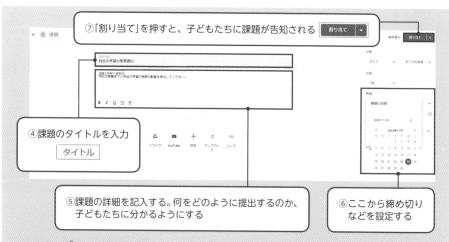

⑦「割り当て」を押すと、子どもたちに課題が告知される

④課題のタイトルを入力

⑤課題の詳細を記入する。何をどのように提出するのか、子どもたちに分かるようにする

⑥ここから締め切りなどを設定する

STEP 2 実践編

❶子どもが発表を録画する。ここでは Chromebook で、Google スライドを使った発表を記録していく方法を紹介する。まず、発表用のスライドを開く。

子どもが作成した発表用のスライド

❷画面右下にある時計のアイコンを押す。

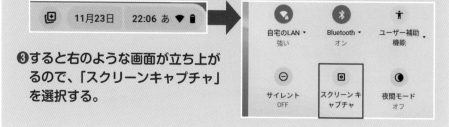

❸すると右のような画面が立ち上がるので、「スクリーンキャプチャ」を選択する。

❹下記のコマンドが立ち上がるので、以下の手順で発表動画を撮影する。

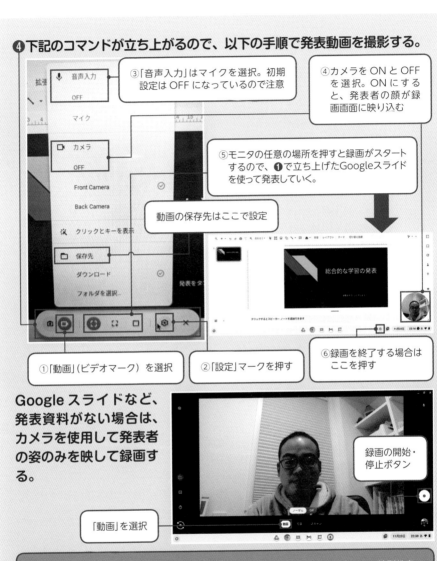

③「音声入力」はマイクを選択。初期設定は OFF になっているので注意

④カメラを ON と OFF を選択。ON にすると、発表者の顔が録画画面に映り込む

⑤モニタの任意の場所を押すと録画がスタートするので、❶で立ち上げたGoogleスライドを使って発表していく。

動画の保存先はここで設定

①「動画」（ビデオマーク）を選択

②「設定」マークを押す

⑥録画を終了する場合はここを押す

Google スライドなど、発表資料がない場合は、カメラを使用して発表者の姿のみを映して録画する。

録画の開始・停止ボタン

「動画」を選択

子どもは自分で落ち着いてできる場所を見つけて発表を録画する。自分の教室でも、特別教室でもよい。教室以外の場所で録画する場合は、教師にどこにいくのかを伝えてから移動するように指導するとお互いに安心できる。周りの教員にも協力をお願いする。
発表に夢中になって、時間を忘れてしまうこともあるので、タイマーなどを使って時間になったら教室に戻れるように伝えておく。
学校内ではどうしても落ち着けない場合には自宅でやるのも一つの方法として考えられる。

❺録画できたら、子どもは classroom で提出する。

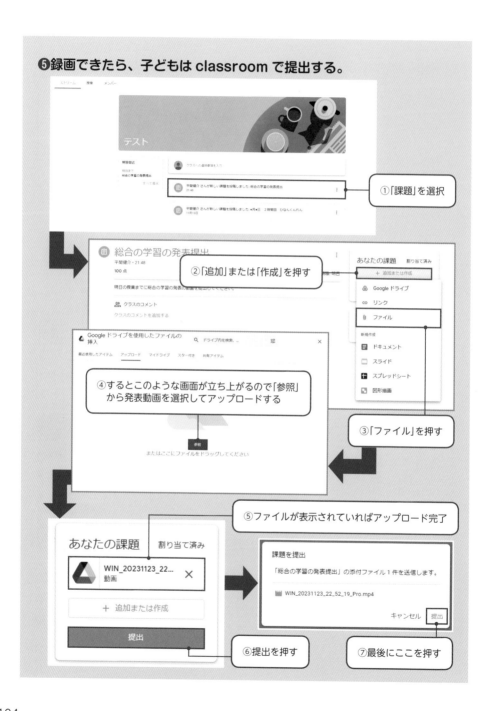

①「課題」を選択

②「追加」または「作成」を押す

③「ファイル」を押す

④するとこのような画面が立ち上がるので「参照」から発表動画を選択してアップロードする

⑤ファイルが表示されていればアップロード完了

⑥提出を押す

⑦最後にここを押す

STEP 3 展開編

❶教師は提出された資料を確認する。必要があれば、大型掲示装置などと接続して、クラス全員に動画を共有する。

Google ドライブで確認もできる

> クラスメイトに見られるのが不安という子どももいるので、個に応じた対応を心掛ける。教師が見た場合は教師からしっかりフィードバックする

応用編

・詩の音読やリコーダーの演奏発表など、様々な「できる」場面を発表する際に使える。

実践者
からの
ワンポイント
アドバイス

　みんなの前で発表はやっぱり緊張してしまう……だけども、やっぱりみんなに見てほしいという子どもの願いを実現するための実践です。動画でみんなに発表を見てもらうことで自信を付けることができる子どももいます。少しずつ自信を付けていって、少人数から人前で発表できるようになっていってほしいですね。

　気になることがあれば、何度も撮り直せるのも利点です。その場ですぐに再生して、「ここはもっと大きな声で！」など、自分で発表をブラッシュアップしていくことができます。一つ一つにこだわったびっくりするほど高いクオリティの動画を提出することもありますよ。　　　　　　　　　　（平間）

19

話すのが苦手でも自己表現ができる！
「絵で楽しく
自己・他己紹介」

こんな「困った」ありませんか？

● みんなの前で発表できない

　みんなの前で自分のことを話すのが苦手な子どもがいます。本人がどうしても難しいということを、無理やりさせたくありません。かといって、まったく発表できず、ただ座って見ているだけにさせてしまうのも、教師として心苦しいです。

実は子どもも困ってる

● お話して表現するのは苦手

　本当はいろいろな気持ちや考えをもっているし、認めてもらいたい。だけど、人前に出て話すのは、まだ難しいようです。

ICTでこんな授業に変わる

● 自分の考えを絵にして、「自己紹介」「他己紹介」で盛り上がろう！

　プログラミング学習用の「ビスケット」で自分の好きなものをかんたんな絵にして、好きなように動かし、クラスで投影します。その絵で自己紹介をすることもできますし、クラスメイトが発表者について知っていることや、絵をヒントにして「他己紹介」して盛り上がることもできます。話すことが苦手でも、表現の手段はいろいろあるのです。

クリエイティビティあふれる
動画をつくる子どもも！

自分で話さなくても、動く絵を通して
クラスメイトに考えが伝わる！

実践のポイント

● 「自分の好きなこと」「今、夢中になっていること」など、テーマを決めて実施する。
● 絵の動かし方は、教師が言葉で説明するよりも、実際に体験するほうが理解しやすい。基本操作のみを教師が説明し、後は子どもたちが自由に操作するようにしたほうが、創造性あふれる作品が生まれる。
● 発表を聞く子どもは、絵をヒントに、他己紹介することもできる。

やり方

STEP 1 準備編

❶Viscuit（ビスケット）のアプリをインストールする。あるいは Web 版のサービスを使用する（無料で登録なしで使用できる）。以下、Web 版の使い方を紹介する。

Google 検索で「ビスケット」と入力し「じゆうにつくるビスケット」を選択

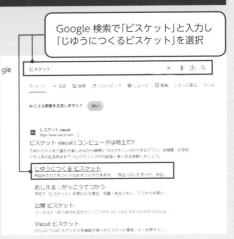

STEP 2 実践編

❶「じゅうにつくる　ビスケット」の画面下部に表示されている色のボタンの中から、好きな色を押す（その色が背景になる）。表示されたマークから「えんぴつ」マークを押す。

好きな色を押す

押す（プログラミング開始）

❷プログラミングを作成する画面になるので、「えんぴつ」マークを押す。

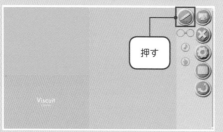

押す

❸絵を描く画面になるので、色や線の太さを選び、テーマに沿って自由に描写していく。

ここで色を選ぶ

線の太さを調整

色の透明度を調整

絵が完成したら、ここを押す

❹自己紹介に使う絵を描いていく。作業を取り消したい場合は「もどる」ボタンを押すと、1つ前の工程に戻る。絵ができたら「まる」ボタンを押す。

「もどる」ボタン。押すと1つ前の工程に戻る

❺すると書いた絵が「部品置き場」に表示される。

❻同じ手順を繰り返し、プログラミングに使う絵を描き足していく。最後に「メガネ」をグレーのスペースにドラッグする。

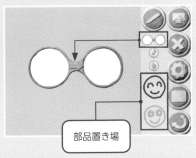

部品置き場

❼グリーンのスペース（絵が動く「ステージ」）に、描いた絵を置く。絵に動きをつけたい場合は、メガネの左フレームに動く前の状態の絵を、右フレームに動いた後の状態に表示される絵を配置する。
例えば、下のようなメガネの配置だと、プログラミングがスタートすると、ステージの青い顔は緑の顔に変わることになる。以上の基本操作繰り返し、子どもたちが試行錯誤しながら、自由にプログラミングをしていく。

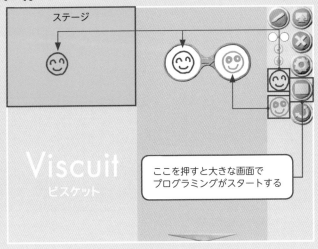

ステージ

ここを押すと大きな画面で
プログラミングがスタートする

STEP 3 展開編

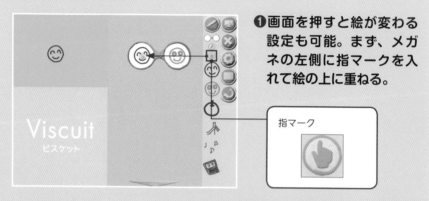

❶画面を押すと絵が変わる設定も可能。まず、メガネの左側に指マークを入れて絵の上に重ねる。

指マーク

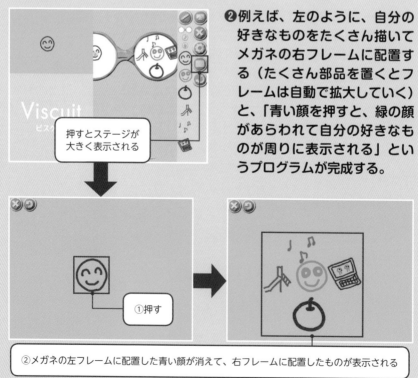

押すとステージが大きく表示される

❷例えば、左のように、自分の好きなものをたくさん描いてメガネの右フレームに配置する（たくさん部品を置くとフレームは自動で拡大していく）と、「青い顔を押すと、緑の顔があらわれて自分の好きなものが周りに表示される」というプログラムが完成する。

①押す

②メガネの左フレームに配置した青い顔が消えて、右フレームに配置したものが表示される

❸各自完成させたら、大型掲示装置などに投影し、発表していく。タッチして表示された絵を見て、何を表現しているのか子どもたちが「他己紹介」してもよい。盛り上がると、プロジェクターで大きく映し出された画面の絵が変わるのを見て、まわりの子たちは歓声を上げるはず。話すことが苦手でも表現活動ができる。

応用編

・ビスケットは、小・中学校、特別支援学校向けに、「無料でつかう」が用意されている。学校ごとに登録が必要。一回の登録で、全クラスの番号（ランドコード）が発行される。

実践者
からの
**ワンポイント
アドバイス**

　ビスケットは、コンピューター言語が分からなくてもできる、とてもかんたんなプログラムです。メガネという仕組みたった一つだけで、単純な動きからからとても複雑な動きを再現できます。

　言葉だけの発表では、発語が苦手な子どもたちはクラスの中では活躍の場が限られてしまっていました。しかし、ビスケットを使えば、試行錯誤しながら、言葉だけでは難しかったことを、直感的に選択できるたくさんの色を使って、楽しく自分なりの表現をつくりあげることができます。表現活動の１つとして、活用してみてください。　　　　（山田）

20

役割分担、動き方が理解できるようになる

「掃除の
タイムラプス撮影」

こんな「困った」ありませんか？

● 掃除の段取りが分からない

　掃除が今、どの工程なのか全体の動きを把握して自分の役割を理解するのが難しい子どもがいます。見通しをもつことに困難がある子どもには「次は机を運んで！」など、教師が毎回一つ一つ指示を出しがちになります。どうしても特定の子どもたちを「注意」することが増え、教師も疲れてしまいます。

実は子どもも困ってる

●「ちゃんと掃除してる」のに文句を言われる

「早くして！」とか「そっちじゃない！」などと周りから言われると、やる気を失ってしまいます。本人はちゃんとやっているつもりなので、「文句を言われる」と思っていることもあります。

ICT でこんな授業に変わる

● やり方が分かって、やりたくなる

　上手に掃除をしているグループの様子を「タイムラプス撮影（コマ送り動画の撮影）」して、子どもたちに見せます。全体の様子を俯瞰して見られるので、自分の役割にどのような仕事があり、どの場面でどんな動きをすればよいのか、見通しをもてるようになります。

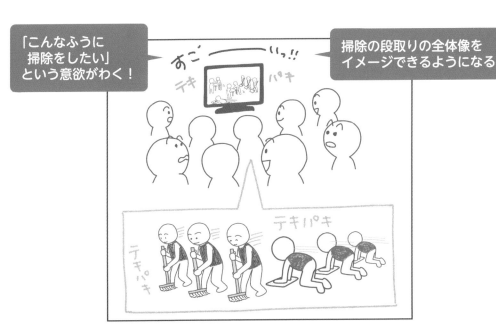

「こんなふうに
掃除をしたい」
という意欲がわく！

掃除の段取りの全体像を
イメージできるようになる

実践のポイント

- 掃除が上手な上級生にモデルになってもらい見本の動画を撮影するとよい。役割ごとに違うビブスを着てもらう。下級生の見本となることで、上級生にも自信と自己肯定感、責任感が生まれる。
- 上級生から学んだら、月に一回、子どもたちの掃除の様子をタイムラプス撮影する。自分たちの掃除が上手になっていると感じられるようにすることで、さらなる意欲や自信へとつなげていく。
- うまくできない子どもがクラスメイトから責められることがないよう、子どもたちの「よい変化」に目を向けるように価値付ける。

やり方

STEP 1 準備編

❶ 入学時や年度初めに、肖像権や個人情報についての同意書をとっていることが多い。活動に際しては、動画の利用目的、公開範囲、公開方法、公開期間などを明確にしておく。事前に管理職にも諮っておくと安心。

STEP 2 実践編

❶できるだけ教室全体を俯瞰できる場所に ipad やスマホのカメラを設置する（イラスト参照）。子どもたちの掃除の邪魔にならない場所に、安全に配慮して固定する。

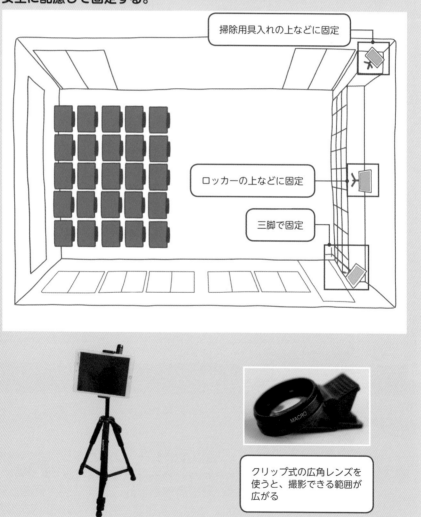

掃除用具入れの上などに固定

ロッカーの上などに固定

三脚で固定

クリップ式の広角レンズを使うと、撮影できる範囲が広がる

❷「カメラ」を起動する（以下 iPad での撮影の例）。

❸タイムラプス撮影の設定をする。

拡大

タイム
ラプス

スロー

ビデオ

写真

スクエア

パノラマ

メニューバーを上下に動かして「タイムラプス撮影」を選択。

ここを
押すと
撮影開始

タイム
ラプス

スロー

ビデオ

❹掃除開始時間に、赤い撮影ボタンを押して撮影を開始。

❺掃除が終了したら再び赤いボタンを押すと撮影終了。自動的にタイムラプス動画の編集が始まる。

①押すと撮影終了

❻自動的にタイムラプス動画の編集が始まる。できあがった動画は「写真」に保存されるので、クラスで視聴する。

STEP 3 展開編

❶図工で造形遊びをした後の、いろんなものが散乱した教室の片付けをする場合の例。まず、何分間で片付けができそうか、子どもたちと一緒に予想や目標を立てる。片付けのルールを示したら、タイムラプス撮影をセット。撮影されているということが片付けへの動機付け、意欲付けにつながる。

❷動画を視聴する。タイムラプス動画だと、散乱していた教室がみるみるうちに綺麗に片付いていくように感じられる。そして自分の動きを客観的に見ることができる。

クラスメイトの活躍に気付くきっかけにもなる。自分たちの働きぶりを誇れるようになれたら大成功。

❸掃除へのモチベーションが上がり、スキルも向上したら、次は自分たちがモデルとなり、下級生に向け、下記のようなお手本動画を作成すると、さらに成長への意欲を高めることができる。

実践者からの**ワンポイントアドバイス**

　子どもたちが掃除などの「やるべきこと」に向かえないのは、「やり方が分からないから」だけではなく、動機付けがうまくいかないことも背景にあります。

　特性のある子どもは、「みんながやっているから」ということが掃除をするモチベーションになりにくかったり、自分の興味のないことに自分を向かわせることがどうにも難しかったりします。

　そこで、「教室がきれいになって気持ちよい」と感じることを、掃除への動機付けにします。ビフォーアフターを示してどこがきれいになったのか具体的に気付かせるとき、タイムラプス動画は効果的です。

　掃除そのものが、やりたいこと、楽しそうなこと、やる意味のあることと感じられるように、演出していきたいですね。

(鷲尾)

21

自分を知って成長の第一歩に！
「アンケートで実感する 自分の生活習慣」

こんな「困った」ありませんか？

● 教師から「生活」について呼びかけても効果は薄い

教師から子どもたちに、「早寝早起きが大事」「朝ご飯をしっかり食べよう」などと呼びかけることがあります。しかし、実際には、起床時間、食事の時間、就寝時間などは、各家庭の事情により異なります。教師から単に声を掛けるだけでは、子どもたちは生活を見直すことができないのが現実だと思います。

実は子どもも困ってる

●「規則正しい生活」と言われても……

教師から「生活の乱れを正そう」と言われても、毎日の当たり前の生活なので、何がダメなのか分からない子どももいます。また、生活習慣を見直すことで、どんなメリットがあるのかも理解できないので、改善する気にもなりません。

ICTでこんな授業に変わる

● 自分の生活を振り返ることから始めよう

そんな場合、まず毎日の自分の生活を振り返ることから始めてみましょう。起きる時間と寝る時間、食事の内容、心の状態などをチェックをします。ICTを使ってアンケートをとると、グラフ化された結果がすぐに見られ、ログとして蓄積されます。大人から指導されるより、自分で自分の生活を振り返り、自分のことを自分の言葉で言い表すことで少しずつ行動が変化していきます。

自分の生活を客観視して見直せる！

基本的な生活習慣の
確立につながる！

実践のポイント

● 目的は、アンケートをとることではなく、基本的な生活習慣を確立すること。そのために、アンケートはありのまま記入することが大事で、アンケートの内容で評価されることはないことを、子どもに伝える。

やり方

STEP 1 準備編

❶ロイロノートのアンケート機能を使ってアンケートを作成する。アンケートの質問項目は、生活習慣に関すること、心の状態、学校での様子など、改善したいことに合わせて工夫する。

❷アンケートは、「この
アンケートカードを再
利用」のタブを押す
と、コピーして使える
ようになる。日付だけ
変え、毎日実施するこ
とで子どもも自分の変
容を記録できる。なお、
朝の会などでクラス全
員で実施する際は、「全
員で回答」ボタンを押
すと、一斉アンケート
が可能になる。「結果」
を押すとすぐに結果を
見ることができる。

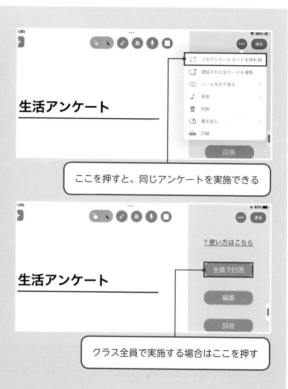

ここを押すと、同じアンケートを実施できる

クラス全員で実施する場合はここを押す

STEP 2 実践編

❶毎日、朝の会の時間を使っ
てアンケートをとる。
❷アンケートをしたら、結
果をプロジェクタに映し
て子どもたちに共有して、
教師から全体の傾向や
改善するとよい点などを
フィードバックしてもよ
い。

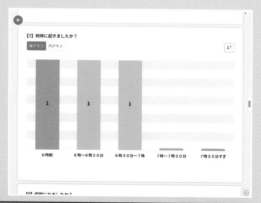

起きた時間、寝た時間など、気にしていない子どもも多い。毎日アンケートをとることで自
分のことを振り返る機会となる

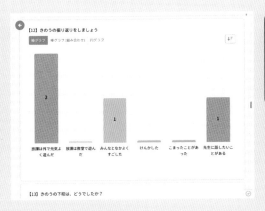

アンケートで休み時間や下校時の状態を把握することも可能。異変があれば、すぐに対処することができる。話をすることが苦手な子どもでも、アンケートには答えられる場合もある

STEP 3 展開編

❶アンケートだけでなく、「今の気分は？」という質問に対し、絵を描いてロイロノートの提出箱に提出させてもよい。教師が子どもの状態を把握できるだけでなく、子ども自身が自分の今の心の状態をメタ認知することにもつながる。

応用編

・ロイロノートではなく、Google FormsやMicrosoft Formsでアンケートをつくることもできる。ロイロ同様にアンケートの結果もすぐに集計できる。

実践者
からの
ワンポイント
アドバイス

　自分で自分の生活を見直す方法を身に付けることができれば、生活のすべてにおいて自分をメタ認知することを覚え、自立した生活へと導いてくれることと思います。教師はスモールステップで成長している子どもたちに伴走しながら見守っていく力量をもちたいものです。（山田）

22 宿題のイメージ革命！
「家でもやる気いっぱい！ カタチ発見隊」

こんな「困った」ありませんか？

● **学校で疲労困憊して宿題がつらい**

　困り感を抱えている子どもたちは、他の子どもより集中力を使ったり不安な気持ちを抑えたりしながら学校生活を送っています。授業が終わったらくたくたです。そんな子どもたちの宿題にプリントを出しても、やるのを忘れたり……計算ミスが多かったり……疲れているようすが手にとるように分かります。学ぶ意欲を引き出すために家でも楽しく学んでほしいです。

実は子どもも困ってる

● **学校でこんなにがんばっているのに！**

　学校で勉強しているのに、同じ内容のプリントはつまらないし、やる気が出ません。漢字の書き取りは苦手で、何となくなぞり書きして済ませています。やらされる宿題は楽しくないです。

ICT でこんな授業に変わる

● **タブレットで宿題のイメージが変わる**

　タブレットで写真を撮るのは子どもたちが大好きな活動で、家庭学習の習慣を身に付けるのにぴったりです。写真を撮ったり、動画を撮ったりして、ワクワクできる「プロジェクト」を宿題にしてみませんか。

形を探して
写真に撮るという
かんたんな課題で
家庭学習の習慣を
身に付けていく

保護者も子どもが宿題にイキイキ取り組む
姿を見て、担任や学校への信頼を高める！

実践のポイント

- 懇談会などで保護者に、タブレットで学習する目的を説明し、理解していただく。
- 課題は、子どもにとって楽しい内容を設定することが大切。
- いきなり自宅でチャレンジさせるのではなく、学校で一度取り組んで、クラスで楽しんで、おもしろさを伝えておく。

やり方

STEP 1 準備編

❶子どもたちに形を探す課題を出す。この際、モノは、見方を変えると形が変わることを伝える。例えば丸いものを探す課題の場合、ボールのようにどこから見ても丸いものもあれば、鉛筆のように上から見ると丸いものもあることを説明し、写真に撮るように伝える。

STEP 2 実践編

❶子どもたちは家で丸いものを探して、撮影していく。

遠すぎたらどれが
丸いものが
分からないや……

上から
撮影したら
うまく丸く
できたよ！

どの角度で撮影したら丸く見えるかな？

子どもたちは写真を見せる相手のことを考えながら写真を撮っていく。見る人がどんなふうに感じるのかをイメージすることが苦手な子どももいる。もし、他者を意識した撮影ができていない子どもがいれば、その都度、どんなふうに撮影すればよいかアドバイスする。相手に分かりやすく伝えることはこれからの時代に求められる重要な力

STEP 3 展開編

❶朝の会などで、宿題を発表する時間をつくる。「丸いもの」といっても、子どもたちが撮影するものは様々。ボールのような球形のものも「丸いもの」、フラフープのような円形の物も「丸いもの」。このような言葉のイメージの違いを楽しめるよう、教師が子どもたちの見方を説明し、ファシリテートしていく。

応用編

・形を探す以外にも「好きなものを紹介しよう！」などといった活動もできる（学級開きなどで有効）。
・教科の学習と関連付けることもできる。「かけ算が使えそうな場面を家で探そう」や「詩にできそうなところの写真を撮ってこよう」など、学校だけでなく家で学びを活かせる場面を探してくるのもよい。

実践者
からの
ワンポイント
アドバイス

　学校での学びが変化するのにともない、宿題にも変化が必要だと考えます。知識の蓄積だけでなく、いろんな形を探してカメラで写真を撮ることも重要な学びの一つになるはずです。子どもたちが思わず取り組みたくなる課題を出すことで、「学ぶって楽しいんだ！」と感じられることが学習習慣を身に付ける近道になります。
　とはいえ、子どもがいきなりタブレットで家の中の写真を撮りはじめたら、保護者はびっくりします。事前に懇談会などで説明をしておくとよいでしょう。
(平間)

おわりに──

■ 特別支援×ICTでよりよい教育を目指せます

　本書を最後までお読みいただきありがとうございます。"超かんたんスキル"シリーズは、優れたICT教育の実践を行っている先生たちが、誰でもかんたんにできるスキルを紹介したもので、今までロイロノート編やGoogle編などが出版されています。今回は特別支援教育をテーマにしたもので、シリーズ第5作目となります。

　私自身は学校現場での特別支援教育をおこなった経験はありませんが、私の家族が特別支援学級、そして特別支援学校でお世話になり、保護者の立場で特別支援に関わってきました。これまでに私が保護者として出会った多くの先生は、特別支援教育に熱意をもっており、さまざまなサポートをしてくださいました。当然、子どもたちに対して驚くほどの時間と労力をかけてくださっている場合が多く、先生方のその負担を感じるたびに、本当に頭の下がる思いでした。それと同時に、「あれ、この場面でICTを使うと、子どもたちにとっても先生たちにとっても、そして保護者にとってもよくなるのでは？」と感じたことが多々ありました。このような思いから、今回この企画を聞いた時に、特別支援教育の実践経験がないのにも関わらず、ぜひ書籍作りに参加させていただきたいと編集者さんに申し出ました。

■ 実はすべての子どもに嬉しいスキルです

　本書の執筆者は、GoogleやMicrosoft、ロイロノートといったアプリやツールの資格や認定を持った「特別支援×ICT」教育のプロの先生ばかりです。その方々と一年以上、オンラインでの勉強会や打ち合わせを通じて、書籍の準備を重ねてきました。

　その中で私が感じたことは「これらのスキルは、発達障がいの子どもたちだけでなく、すべての子どもたちにとって嬉しい支援になる」ということです。どの

クラスにも、どのような子どもにも「これは苦手」というものがあると思います。その苦手なことに対して、本書は ICT を使って苦手を少し楽にする方法を提案しているのです。

　しかも難しい手順や知識を必要とせず、端末とインターネット接続さえあれば、誰でもかんたんに実践することが可能なスキルばかりです。

■ 共生社会の実現を目指しましょう

　私は、従来通りの学び方や支援の仕方だけでなく、ICT を使って学びや支援の幅を広げるような実践の先には「共生社会」が待っていると信じています。

　「共生社会」とは、文部科学省によると、「これまで必ずしも十分に社会参加できるような環境になかった障害者等が、積極的に参加・貢献していくことができる社会である。それは、誰もが相互に人格と個性を尊重し支え合い、人々の多様な在り方を相互に認め合える全員参加型の社会である。このような社会を目指すことは、我が国において最も積極的に取り組むべき重要な課題」とされています。

　これは 2012 年の中央教育審議会で出された「特別支援教育の在り方に関する特別委員会報告」の資料を一部抜粋したものです。

　当時は ICT という概念がほぼない時代でしたが、GIGA スクール構想により 1 人 1 台端末が整備された現在、誰もが十分に社会参加できる環境に近づき、全員参加型の共生社会は実現できるのではないでしょうか。

　学校で ICT を使う環境は整った、知見やスキルも広がってきた、あとは現場の先生が「ICT を使って新しいことをやってみよう！」という気持ちになるかどうかだけです。本書が、先生方のマインドを刺激して、実際に行動を起こすための有意義な一助となることを心から願っております。教育の未来に向けて、共に歩んでいきましょう。

　最後になりましたが、長きに渡って一緒に学んでくれた本書の執筆者全員に感謝いたします。

2024 年 1 月　和田誠

【著者プロフィール】 ※執筆者代表以外は五十音順

・和田誠（わだ・まこと）＜執筆者代表＞

愛光中学・高等学校。Google 認定トレーナー・イノベーター／ロイロ認定ティーチャー、シンキングツールアドバイザー、授業デザイントレーナー

・土田真夕（つちだ・まゆ）

京都市小学校特別支援学級。ロイロ認定ティーチャー

・平間健介（ひらま・けんすけ）

札幌市小学校特別支援学級。Google 認定トレーナー・コーチ

・山田国枝（やまだ・くにえ）

愛知県北名古屋市立五条小学校特別支援学級。Google 認定イノベーター

・鷲尾すみれ（わしお・すみれ）

横浜市立市ケ尾小学校通級指導教室。ロイロ認定ティーチャー

「楽しい」「分かる」「できる」を実現！

発達障害の子どもをサポートするICT "超かんたん" スキル

2024年4月6日　初版発行

著　　　者 ： 和田誠（執筆者代表）
発 行 者 ： 花野井道郎
発 行 所 ： 株式会社時事通信出版局
発　　　売 ： 株式会社時事通信社
　　　　　　〒104-8178　東京都中央区銀座5-15-8
　　　　　　電話03(5565)2155
　　　　　　https://bookpub.jiji.com/

デザイン／DTP　株式会社 アクティナワークス
印刷／製本　株式会社 太平印刷社
編 集 担 当　大久保昌彦